善知識 21

巴利佛典【佛陀的聖弟子傳】1

## 佛陀的雙賢弟子

佛法大將
舍利弗

Great Disciples of
the Buddha

神通大師
目犍連

向智長老｜著　Nyanaponika Thera
何慕斯・海克｜著　Hellmuth Hecker
菩提比丘｜英文編輯　Bhikkhu Bodhi
賴隆彥｜譯

舍利弗、目犍連協助佛陀教導僧眾，是佛陀最信任的雙賢弟子。
面對不信佛的母親，智慧第一的「法將」舍利弗，如何度化她？
預知自己慘死的神通大師目犍連，又如何面對死亡的來臨？

# 【本書作者、英文版編者介紹】

◎作者

## 向智長老 (Nyanaponika Thera, 1901-1994)

向智長老是我們這個時代最重要的上座部佛教詮釋者。出生於德國，他於一九三六年，在三界智大長老(Ven. Nyanatiloka Mahāthera)座下受戒，直到一九九四年末去世為止，共計度過五十八年的比丘生活。他是康堤(Kandy)佛教出版協會的創辦人與長期編輯。他的著作包括《佛教禪修心要》(*The Heart of Buddhist Meditation*)、《法見》(*The Vision of Dhamma*)與《阿毗達磨研究》(*Abhidhamma Studies*)。

## 何慕斯‧海克 (Hellmuth Hecker)

何慕斯‧海克是德國重要的佛教作家與巴利藏經譯者。他的著作包含《相應部》(*Saṃyutta Nikāya*第四與第五部分)的德文翻譯，以德文寫作的兩冊佛教史，以及一本德國首位佛教比丘——三界智大長老的傳記。

◎英文版編者

## 菩提比丘 (Bhikkhu Bodhi)

菩提比丘是來自紐約市的美國佛教僧侶，於一九七二年在斯里蘭卡出家。他目前是佛教出版協會(Buddhist Publication Society)的會長與編輯。他的著作包括《包含一切見網經》(*The Discourse on the All Embracing Net of Views*)、《阿毗達磨概要精解》(*A Comprehensive Manual of Abhidhamma*)與《中部》(*The Middle Length Discourses of the Buddha*，為共同譯者)。

# |目次|

# 神通大師：摩訶目犍連 —— 169

# 【巴利佛典略語表】

本書所出現的巴利佛典經文，都將採用巴利佛典的略語來標示其出處，因此，以下列出這些慣常使用的巴利佛典略語，供讀者對照參考。

AN＝Aṅguttara Nikāya《增支部》（標示節號與經號）

Ap.＝Apadāna《譬喻經》（i ＝ 長老譬喻，ii ＝ 長老尼譬喻；標示章號與段落；緬甸文版）

BL.＝Buddhist Legends《佛教傳奇》（法句經注釋）

BPS＝Buddhist Publication Society佛教出版協會（康堤，斯里蘭卡）

Comy.＝Commentary註釋

Dhp.＝Dhammapada《法句經》（標示偈頌號）

DN＝Dīgha Nikāya《長部》（標示經號）

Jāt.＝Jātaka《本生經》（標示號碼）

Mil.＝Milindapañha《彌蘭陀王問經》

MN＝Majjhima Nikāya《中部》（標示經號）

PTS＝Pali Text Society巴利佛典協會（牛津，英國）

Pv.＝Petavatthu《餓鬼事經》

SN＝Saṃutta Nikāya《雜部》（標示章號與經號）

Snp.＝Suttanipāta《經集》（標示偈頌號或經號）

Thag.＝Theragāthā《長老偈》（標示偈頌號）

Thig.＝Therīgāthā《長老尼偈》（標示偈頌號）

Ud.＝Udāna《自說經》（標示章號與經號）

Vin.＝Vinaya《律部》（標示卷號與頁數）

Vism.＝Visuddhimagga《清淨道論》
（The Path of Purification的章號與段落）

Vv.＝Vimānavatthu《天宮事經》（標示偈頌號）

除非特別指出，否則本書所有參考資料皆依巴利佛典協會的版本為準。

# 尋找傳說的源頭

奚淞

閱讀早期佛典，不時吉光片羽閃現，令人有瞥見古代佛陀僧團的驚喜。見佛陀善巧的教導，使弟子順應個人不同因緣和個性契入法教，對後世學佛者如我，是最具啟發性的。

## 羅睺羅求法

在此舉《雜阿含經》二〇二經紀事為例：

地點在舍衛國祇樹給孤獨園。

那天，比丘羅睺羅往詣佛陀。

羅睺羅向佛行禮，退坐一旁道：「世尊！請為我講說高深的法。如是我將擇一靜處，專精修行，證得阿羅漢果。」

在經文中，羅睺羅急欲成就的阿羅漢境界，是以「自知自證：我生已盡、梵行已立、所作已作，自知不受後有」的慧解脫標準語句道出的。

面對他年輕、充滿期盼的容顏，同時也是在教導自己披著僧服的獨子，佛陀笑了，心想：這孩子對解脫的知見還沒有成熟啊！

「我曾多次宣說過『五蘊』原理，」佛陀說：「現有一批新進比丘，你且準備一下，去向他們詳細解說『五蘊』。至於你想聽更深奧的法，以後再告訴你。」

羅睺羅惘惘然領命去了。隔數日，為人演說完「五蘊」的羅睺羅，又來拜謁佛陀，要求「更深奧的法」。

佛陀依然是那樣慈和地微笑著的吧！他說：「別急、別急，你且先去向他們演說『六入處』，說完再來。」

在佛法分析中，「五蘊」——色、受、想、行、識，總括了身心世界，是存在的基本元素。而「六入處」則屬於另一組不同的分析法，包含「六內入處」（六根——眼、耳、鼻、舌、身、意）與「六外入處」（六塵——色、聲、香、味、觸、法），是認識上的基本元素。羅睺羅依佛陀指派，又去向大眾解說「六入處」了。

還是急著想成就阿羅漢，第三回，羅睺羅又來求法。這次，佛陀派他去講說「因緣法」，詳細分析五蘊與六處如何相因、相緣，而衍生出無止盡身心事件相續之流的原理。

說完「因緣法」的羅睺羅，顯得沉靜，若有所思。他前來拜謁佛陀，只聽得佛陀淡淡指示：「你不是一直想安靜獨自修行嗎？去吧，去把你先前講說的法義好好想一想吧！」

在祇樹給孤獨園林蔭深處的精舍裡，羅睺羅沉浸於思惟禪修多日。此後的他，不再急證阿羅漢果，再次見到佛陀，也不

要求「更深奧的法」了。

帶著無比的恭敬和喜悅，他向世尊說：「我想了又想，奇妙啊，原來世尊所經常宣說的五蘊、六入處及因緣法，正巧妙地解析了法的核心。有了這種理解，再隨觀當下身心變化的實況，時時刻刻都足以順趣流向涅槃啊！」

羅睺羅的心智終於成熟了。佛陀欣慰地端詳兩眼閃光的羅睺羅。這孩子，自十五歲由舍利弗剃度，成為僧團中最稚幼的沙彌。經多年提攜教導，從活潑少年成長為持戒精嚴的比丘。一位比丘若能謹言慎行、善守根門，再加上對「法」正確無誤的知見，就足以步上修行的坦途了。

在《雜阿含經》二○二經的末尾，佛陀教導羅睺羅的話語重心長：「羅睺羅，努力修行吧！要知道，一切都是無常的……」是啊！生命確實一直是在無常而不圓滿（苦）的狀態下運作的。試觀五蘊，其中又何嘗有位置得以安頓一個恆常不變的「我」呢？如果修行人能不急躁、不怠惰，時時刻刻隨順六根與六塵的觸、受變化，當下現觀無常、苦、無我，把無明與貪愛一分分看透、放下，也就一步步證得寂靜、清涼，可以直抵涅槃了。

羅睺羅日後證得阿羅漢果，在佛陀身旁眾聖弟子間，得「密行第一」的美稱。在早期佛典中，相關他的記載零星微少，卻也令我們窺見修行佛法的核心。

距離佛典原始集結，兩千五百年過去了。

難能可貴的，畢竟在佛滅後的早期經典如《阿含經》、《法句經》、《長老偈》、《長老尼偈》等佛典中，留下不少能確實呈現當時社會風貌、思想潮流，乃至於佛陀僧團教學的紀錄。這些樸實而耐人尋味的片斷，其珍貴性可以用中國儒學經典《論語》相比擬。在不重史實的印度文化中，佛陀及其聖弟子率先走出神話的迷霧，其人間性非常鮮明。

## 不要信以為真

然而，反觀佛教發源的母土，這片啟始於自然神崇拜，孕育出堆金砌玉《摩訶婆羅多》、《羅摩衍那》長篇神話史詩的文化地區人民，一向習慣於以神話覆蓋歷史、藉寓言象徵事實。佛陀的教化及偕同聖弟子的遊化行跡，自一開始，便無可避免地在人民口耳相傳中產生差誤，或被包裹入一重重的華麗傳奇色彩中。

傳奇故事，自有其芬芳以及價值。但對後世的學佛人而言，如何理解傳奇深層的本質，而不誤執其表象，就成為重大課題了。

對於立願修行學佛而不免陷入種種紛紜傳說的人，佛陀曾提出極精警的指導。這些話語，在南傳《羯臘摩經》中，以反覆疊句呈現：

一、不可因他人的口傳，就信以為真。

二、不可因奉行傳統，就信以為真。

三、不可因是正在流傳的消息，就信以為真。

四、不可因是宗教經典、書本，就信以為真。

五、不可因根據邏輯，就信以為真。

六、不可因根據哲理，就信以為真。

七、不可因符合常識、外在推測，就信以為真。

八、不可因符合一己預設、見解、觀念，就信以為真。

九、不可因演說者的威信，就信以為真

十、不可因他是導師，就信以為真。

《羯臘摩經》語出驚人。乍見此經，彷彿否定了一切；再加探究，乃知它並非教人不聽、不看、不想，甚至不接受老師，而是教人面對一切概念都要有親身實證的精神。

經中說「不信以為真」，並不代表此事為假；但佛法修行的重心不在信，而在於親身當下的現觀和執行。有了如實現觀，「法」的真偽也就可以明辨了。即如前述《雜阿含經》羅睺羅求法的故事中，佛陀並不以威信、導師的身分，或藉哲理推演來懾服羅睺羅，而是助成他依法現觀的心靈悟覺。這就是立定佛法修行的腳跟了。

## 與古聖人一同散步

高興得悉橡樹林文化將推出《佛陀的聖弟子傳》系列。此書根據巴利語佛典文獻，由德裔比丘、錫蘭（編按：今斯里蘭卡）國寶級的佛教大師向智長老領導編寫，從中可以看到相關佛陀及聖弟子行跡的早期傳述風貌。在追溯佛教源頭和原點的意義上，此書提供了很大的助力。

記得德國哲學家雅斯培曾經在他的《四大聖哲》著作中說：相對於宇宙廣袤的時空，人類的兩三千年的時間算得了什麼，不過是一眨眼，就像是昨天而已。只要我們願意，就可以回到古聖人的身邊，與他們一同散步，並聆聽他們所說的言語……

但願這套《佛陀的聖弟子傳》，能提供我們如此珍貴的經驗。

# 活出佛法的聖弟子

楊郁文

## 佛陀是眾生的老師

釋迦牟尼佛陀是歷史上存在的人物，公開宣言：「我今亦是人數，父名真淨，母名摩耶。」祂是無師自覺者，又是具備覺他以及覺行圓滿者；具足無量功德而以十號——如來、應供、等正覺、明行足、善逝、世間解、無上士調御丈夫、天人師、佛、世尊——介紹自己，使人認識祂。

其中，「如來」、「無上調御丈夫」、「天人師」等三名號，表達佛陀冀望與眾生之間是以師生、師徒的關係互動。「如來」——「如」過去諸佛在人間成佛，「來」教導人、天三十七菩提分成佛的方法；「無上調御丈夫」——應該被調御的所有有情，佛陀是「最高明的調教者」；「等正覺者」是指「人天師範」。

根據南傳上座部的說法，佛陀歷經四大阿僧祇又十萬劫修習十波羅蜜多，最後一生在沒有佛法流傳的環境，無師自覺完成佛道。佛陀的大弟子們也都有一大阿僧祇又十萬劫的久遠

時間，親近諸佛修習十波羅蜜多，特別與釋尊前世以種種身分交遊往來，並曾發願受教成為佛陀座前某一特殊才能的「第一」弟子，甚至發願成為佛陀的一雙上首弟子，如尊者舍利弗與尊者目犍連。

佛陀覺悟阿耨多羅三藐三菩提(anuttara sammāsambodhi)，成為阿耨多羅三藐三佛陀（無上正等正覺者），「三菩提」(sambodhi)是自受用，用以究竟解脫有情自己的惑、業、苦；「阿耨多羅三藐三菩提」是利他，用以教化他人成就「三菩提」，即人人以己力究竟解脫有情自己的惑、業、苦。佛陀的聖弟子們，接受佛陀的教導，因此才得以完成「三菩提」，自作證究竟涅槃。

如實知佛陀的「十號」的法說（總說）與義說（分別解釋），必定產生正見、正志、正行，見聖思齊，發願成佛。經歷親近善士、聽聞正法、內正思惟、法次法向四預流支，獲得聞、思、修、證，乃至具足信、解、行、證的法門。首先，由於念佛、念法、念僧而了解佛、法、僧三寶的功德，法眼淨而見法、見道，並成就「四不壞淨」——於佛、法、僧、戒信根不壞。之後，開發信、進、念、定、慧五出世根，仍然需要佛陀及聖弟子們的指導，依法奉行，修習、多修習，乃至圓滿佛道。

# 經典中的聖弟子

正法由佛說出，藉聖弟子們向四方傳播、向後代傳承；弟子們應用佛陀的教授、教誡，實際在日常生活的改過遷善、宗教生活離染趣淨，如此活用佛法，佛法才有生命，正法就能長存人間。

聖弟子活出佛法，自己體驗佛法的實用性與有效性；以身、口、意作三示導，傳播佛法於他人，以自己的成就回報佛陀的教導，印證佛陀是有情界最偉大的教師，值得眾生親近的究竟善士。聖弟子們具足佛德，尚須三大阿僧祇劫的時空歷練，可是現前既成的品德已足以引人羨慕，作為他人效法的模範。因此，佛陀適時介紹種種「第一」聖弟子於大眾。結集經典的大德紀錄如下：

《增支部》：

〈是第一品〉比丘（42位 46種特質第一比丘）

　　　　　　比丘尼（13位 13種特質第一比丘尼）

　　　　　　優婆塞（11位 10種特質第一清信士）

　　　　　　優婆夷（10位 10種特質第一清信女）

　　　　　　　　　　　　（見 AN i.p.23-26）

《增一阿含》：

〈弟子品〉第四，第一至第十經（91位 100種特質第一比丘）

〈比丘尼品〉第五，第一至第五經（52位52種特質第一比丘尼）

〈清信士品〉第六，第一至第四經（40位41種特質第一清信士）

〈清信女品〉第七，第一至第三經（30位31種特質第一清信女）

（見《大正藏》卷二，頁557, a18~560, c1）

**《佛說阿羅漢具德經》：**

比丘（99位某特質第一比丘）

　　　（見《大正藏》卷二，頁831a-833a）


## 關於本書的編輯

本書三位作者（向智長老、海克博士、菩提比丘）從《增支部・是第一品》選擇十七位「第一」弟子：舍利弗尊者（以下尊稱省略）、大目犍連、大迦葉、阿難、阿那律、大迦旃延、毘舍佉、讖摩、跋陀軍陀羅拘夷薩、翅舍瞿曇彌、難陀、沙摩婆提、波吒左囉、諾酤羅長者父、諾酤羅長者母、給孤獨、質多長者。

最後還有八位雖然不隸屬於「是第一」弟子，其傳奇經歷，對後代四眾弟子也極富教育性。那就是摩利迦（從《中部》、《相應部》、《增支部》、《律藏》中選出）、師利摩與鬱多羅（從《法句經註》中選出）、央掘摩羅（從《長老偈》、《律藏》中選出）、質多比丘（從《增支部》、《長部》中選出），還有

主要從《長老尼偈》中選出的菴婆波利、伊師達悉、輪那。三位合作者的背景資料，參見「作者簡介」、「各冊文章的原作出處」。

二十五位偉大的四眾弟子生動的描述，採用海克博士十八本傳略，幾乎所有海克博士的文章都被向智長老大規模地擴充，新增的內容皆援引自巴利藏經與其註疏，並以他的洞見思惟來深化它們。

在從原來的小冊要結集成這本合輯的準備過程中，菩提比丘對所有的舊版幾乎都做了一些實質的修改，並再增加更多材料，以便能更進一步看到這些弟子們的全貌。菩提比丘幾乎重新翻譯所有的偈頌，為了行文更為可信，並增加更多的偈頌。除非特別標示，否則所有偈頌都是由菩提比丘所翻譯。

讀者應該仔細閱讀菩提比丘的「前言」：了解佛教三寶，認識佛、法、僧三寶的內在關聯性。「導論」中，有關佛教師徒關係的確立，以及一般凡夫弟子與聖弟子的差異，並不在外表形式與生活型態，更需要精讀。透過本書，各位主角人物在生活中如何與「法」相應，而顯露出內在心靈超凡的一面，正是讀者需要細心體會之處。

本書不刻意文藻修飾，但求忠實地根據經藏、律藏、《本生經》、《譬喻經》、《長老偈》、《長老尼偈》與註釋書中記載的內容，將每位聖弟子生活的過程，按資料推測時間點，而連

結成連續的劇情，增加可讀性（如本系列第一冊〈佛法大將：舍利弗〉第一章的註(1)→註(2)→註(3)……）本書除原來的內容引人入勝之外，採用資料出處明瞭、註解內容詳實，中譯者的夾註、補註、按語，亦甚為可貴。

本書中譯本的出版，不但在佛教界，給予信眾注入隨念佛、法、僧三寶的養分，乃至為學術界，增添了許多研究佛陀、佛法、賢聖僧伽難得的第一手、第二手資料。為了貢獻本文，筆者使用旬餘時間精讀一回，按照所提供的南傳佛教資料，對讀北傳佛教資料，間亦參閱巴利語原典，受益良多。即以隨喜功德的心情，推薦人人必須研讀的這套《佛陀的聖弟子傳》四冊絕妙好書！

中華佛學研究所 專任研究員

楊郁文

寫於阿含學園 2004/11/8

# 《佛陀的聖弟子傳》中文版出版緣起

二千五百多年了，佛教在世界各地開枝散葉，與各地域風俗融合，產生了多元的面貌。但佛陀當時的教導是什麼？弟子們如何在佛陀的教導下解脫煩惱，開悟聖道，永遠是每位有心踏上學佛之路的人想一探究竟的。《佛陀的聖弟子傳》所說的即是二十五位真實存在於歷史上的佛陀弟子，經由佛陀的教導而悟道的故事。

本書譯自二十世紀重量級的佛教思想家——德藉斯里蘭卡高僧向智尊者(Nyanaponika Thera)與德國重要的佛教作家——何慕斯‧海克(Hellmuth Hecker)合著，菩提比丘(Bhikkhu Bodhi)編輯的《佛陀的大弟子——他們的生活、作品與遺產》(*Great Disciples of the Buddha: Their Lives, Their Works, Their Legacy*)一書。不同於一般佛教傳記根據漢譯經典或傳說故事撰寫，本書內容均援引自南傳上座部佛教的巴利佛典、論書與註釋書，詳實而生動地記錄了聖弟子們的修行生活片段與悟道的特色、開悟的關鍵，以及佛陀智慧的教導。而引自《本生經》的故事，則提供了另一種訊息——聖弟子在過去生的發願與修行，以及對此生的影響。其中最特別的是，本書引用了許

多《長老偈》與《長老尼偈》中的詩偈，這些詩偈都是聖弟子親口所說的自身經歷與感受，使人彷彿親聽聖者的心靈之音。

本書的內容豐富龐大，共介紹了二十五位弟子，除了波斯匿王的皇后摩利迦並未證果之外，其他二十四位都是證得初果以上的聖弟子。為了凸顯故事的主體人物，同時也減輕讀者的閱讀壓力，我們將本書的內容編譯成四冊發行：

第一冊《佛法大將舍利弗‧神通大師目犍連》：記錄佛陀的雙賢弟子舍利弗、目犍連。

第二冊《僧伽之父大迦葉‧佛法守護者阿難》：敘述的是大迦葉、阿難這兩位佛陀教法的傳承者。

第三冊《天眼第一阿那律‧論議第一迦旃延》：記錄「天眼第一」的阿那律與「論議第一」的迦旃延。此外，還收錄了央掘摩羅、質多兩位比丘的傳記。

第四冊《佛陀的女弟子與在家弟子》：第一部分是佛陀女弟子們的故事，包括：毘舍佉、摩利迦、讖摩、跋陀軍陀羅拘夷薩、翅舍瞿曇彌、輸那、難陀、沙摩婆提、波吒左囉、菴婆波利、師利摩、鬱多羅、伊師達悉等，共有十三位女弟子。

第二部分是佛陀在家弟子的故事，包括：給孤獨長者、質多長者、諾酤羅長者父、諾酤羅長者母等，共有四位在家弟子。關於這部分的資料流傳很少，尤其是佛陀女弟子的事

蹟，更是鮮為人知，因此顯得相當珍貴。

透過巴利佛典的紀錄，本書呈現了較為接近歷史與人性的原貌，讓我們一窺從凡夫蛻變為聖者，內心是經歷怎樣的轉化；悟道後的他們，又如何面對生、老、病、死等現實的人生歷程。閱讀這些早期佛教成就者鮮活的傳記，有助於提升我們心靈的洞見，擴大修行的視野，也為現代的修行者點燃一盞明燈，照亮修行的前路。

典範不遠，你也可以成為這樣的聖者。

# 《佛陀的聖弟子傳》英文版的結集

菩提比丘

近年來，西方書海中出現的幾乎都是佛陀以及其教法的相關書籍，那也就是佛教三寶中的前二寶，關於第三寶——僧伽(Sangha)的書籍則相當不足。即使對於「僧伽」一詞的意義也有爭議，那些並未從巴利原典入手的人，對於佛陀原始核心弟子的認識仍然懵懵懂懂。這個落差之所以愈發明顯，是因為佛陀做為心靈導師的成功程度，完全取決於他訓練弟子的技巧。

經典中為禮敬佛陀而稱他為「無上士調御丈夫」①，要檢驗這句話的真實度，就必須去看他所指導的男女弟子的氣度。就如太陽的價值，不只在它本身的光明，同時也在它照亮世間的能力一樣。因此，佛陀做為心靈導師的光輝，不只是取決於他教法的清晰度，更是在他能啟發前來求皈依者與因材施教。缺少弟子團體見證它轉化的力量，「法」(Dhamma)將只是學說與嚴謹修持的包裹，徒有令人欽佩的清晰與精確的理智，但都與活生生的人無關。「法」只有在接觸生命，提升它的追隨者，將他們轉化為智慧、慈悲與清淨的典範時，

「法」才會有生命。

佛陀的聖弟子傳英文版即是嘗試以對佛陀最卓越的二十四位
②弟子生動的描繪，來填補西方佛教文獻這方面的不足。本
書是從一系列偉大弟子的單獨小冊演變而來，由佛教出版協
會(Buddhist Publication Society，簡稱BPS)，以它著名的《法輪
叢刊》(The Wheel)標誌發行。第一本出現的傳記是令人尊敬
的向智(Nyanaponika)長老所寫的《舍利弗傳》(The Life of
Sāriputta)，於一九六六年以獨立刊物首次出版，那時並未想
到要發展成一個系列。

然而，在同一年，德國佛教作家何慕斯・海克(Hellmuth
Hecker）開始在德國的佛教期刊《知識與改變》(Wissen und
Wandel由保羅・戴比斯〔Paul Debes〕於一九五五年創辦）
上，出版偉大弟子的略傳。在接下來的二十年裡，《知識與
改變》共刊行了四十一篇略傳，其中許多的篇幅都非常簡
短。

在七〇年代晚期，向智長老有了構想，然後佛教出版協會的
編輯，便延續他有關舍利弗的研究，以海克博士的文章為基
礎，在《法輪叢刊》系列上展開其他的偉大弟子傳。因此，
在一九七九至一九八九年間，以單獨《法輪叢刊》小冊的方
式，出現了目犍連、阿難、央掘摩羅、給孤獨、大迦葉與阿
那律，以及八位重要女弟子的略傳。它們都由向智長老或由

他請託的其他人翻譯成英文。最後，在一九九五年，我寫了一本大迦旃延長老的小冊，那是這個系列最晚出現的。（編按：各篇原作出處請見第237-238頁【附錄】。）

幾乎所有海克博士原來的文章，都被向智長老大規模地擴充，新增的內容皆援引自巴利藏經與其註疏，並以他的洞見思惟來深化它們。在從原來的小冊要結集成這本合輯的準備過程中，我對所有的舊版幾乎都做了一些實質修改，並再增加更多材料，以便能更進一步地看到這個弟子的全貌。

在女弟子這一章，又新增了原來《法輪叢刊》系列所無的四個人物，然而相對於先前對男弟子的研究，在處理個別的女弟子時，因為原始資料的缺乏，而無法有相同的篇幅。此外，在風格上，也有必要對原來的略傳做徹底的改寫。

我幾乎重新翻譯了所有的偈頌，因為在《法輪叢刊》小冊中經常都引用較早的翻譯，現代讀者恐怕難以接受那種高不可攀的風格。為了讓行文更為可信，我加入更多的偈頌，大都引自《長老偈》(*Theragāthā*)與《長老尼偈》(*Therīgāthā*)。除非特別標示，否則所有偈頌都是由我所譯，但這兩本合集的很多名相翻譯，我都是參考諾曼(K.R. Norman)的長行直譯，請見他所出版的《長老偈》(*Elders' Verses*)第一部以及第二部。

我要感謝在佛教出版協會裡，我的長期助理——祥智尼師

(Ayyā Nyanasirī)，她先整理《法輪叢刊》小冊，以便日後重新以單書發行。我也要感謝舍衛尸利・月寶女士(Mrs. Savithri Chandraratne)，她勤快而精確地將原稿輸入電腦。我很感謝智慧出版社(Wisdom Publications)合作出版此書，尤其是莎拉・邁肯琳特克(Sara McClintock)，她的編輯意見提供了很大的幫助。

## 譯註

① 無上士調御丈夫：佛陀的十種德號之一。「調御」意指調伏，「無上士調御丈夫」便是指佛陀是能調伏丈夫（男子）的無上調御士，使那些受調御者能發心修行。

② 原書總計提到二十五位弟子，菩提比丘在本文中說原書介紹十二位傑出女弟子，其實是十三位，所以共有二十五位弟子。

# 從經典中憶念佛陀的聖弟子

菩提比丘

身為一個宗教的創立者，佛陀並未自稱天啟先知、救世主或神的化身。在他的教法架構裡，他的特殊角色是老師，揭示究竟解脫唯一道路的「無上師」。依照巴利藏經所呈現，在佛法最早的形式中，佛陀弟子所覺悟的與佛陀本人達到的目標，在基本上並無不同，兩者的目標都相同——心究竟解脫一切束縛與生死輪迴的涅槃。

## 佛陀與弟子之間的差別

佛陀與弟子之間的差別是：（一）成就的先後；（二）達到覺悟的過程中所具有的個人特質。

### 成就的先後

就先後順序而言，佛陀是涅槃之道的發現者，他的弟子則是在其指導下證果的實踐者：

比丘們！如來是從前未曾被發現道路的發現者，是從前未曾建造道路的建造者，是從前未曾被揭露道路的揭露者；他是認識這條道路者，是找到這條道路者，是精通這條道路者。如今，他的弟子們在他之後安住此道，成爲擁有它者。比丘們！這就是如來、阿羅漢、正等正覺者，與由智慧而解脫的比丘之間的差別。(SN 22:58)

## 個人的特質

就個人特質而言，佛陀身爲教說的創設者，擁有許多與弟子不共的適宜的技巧與各類知識。這些認知的能力不只包括某些神變力，同時也包含對許多存在地之世界結構無礙的了解，以及對眾生各種習性透徹的了解。❶在佛陀完成他的重要使命，即在世間建立廣大教說，並指導無數眾生離苦得樂時，這種能力是有其必要的。

當佛陀在「轉法輪」①時，他的目標就是領導眾生到達涅槃，他的教法結構本身，便預設了介於他自己與聆聽開示者之間的師生關係。佛陀是完全覺悟的老師，他的教說是進行特殊訓練的課程，那些符合弟子身分要求的人，藉由遵循他的教論與勸誡而完成訓練。即使當佛陀臨終躺在拘尸那羅雙娑羅樹間的病床上時，他也說外在的禮拜並非真正的禮敬如來，只有持續與專注地修行佛法才是。(DN 16)

## 皈依三寶，成為佛陀的聲聞弟子

佛陀弟子的課程從「信」開始，對佛教來說，「信」並非毫不懷疑地同意無法驗證的主張，而是準備好去接受，相信佛陀的聲明：他是完全覺悟者，已覺悟眾生存在本質中最深奧、最重要的實相，並能指出到達最後目標的道路。在佛陀的覺悟中，「信」的定位是藉由「皈依」佛教的「三寶」而彰顯：將「佛」視為個人的良師與心靈的指導；將「法」視為存在實相最完美的表述與無瑕的解脫之道；將「聖僧」視為智慧與心清淨的共同化身。

「信」必然會帶來行動，從事修行，具體地說，就是在生活中實踐佛陀為他的追隨者所制定的準則。這些準則視弟子的情況與態度，而有很大的差異，某些準則更適合在家眾，某些則較適合出家眾，弟子的工作，就是在它們之間做出正確的選擇。

但這一切源自不同出發點的準則，最後皆匯歸於一條道路——普遍而唯一，正確無誤地趨入最後的目標。此即滅苦之道的八聖道，它以三學為體：戒（正語、正業與正命）、定（正精進、正念與正定）、慧（正見與正思惟）。

那些接受佛陀為老師，並試著遵循他的道路者，皆是他的聲聞弟子。佛教弟子的種類依慣例劃分，分為出家與在家二

眾，因此傳統上有「四眾」之說：比丘與比丘尼、優婆塞與優婆夷（在家男、女信眾）。雖然，以後的大乘經典似乎將聲聞與菩薩相比，而說成另一類較遜的弟子。

但早期佛教經典中，並無這類區分，而是廣泛以「聲聞」來指稱那些接納佛陀為師的人。此字是從使役動詞 sāveti（告知、宣稱）演變而來，意指那些宣稱佛陀為他們的導師者（或那些宣稱皈依佛法者）。在早期經典中，「聲聞」不僅專指佛陀的弟子，它同時也運用在其他信仰系統的追隨者上，他們有各自的導師。

## 一般弟子與聖弟子的區別

在佛陀廣大的弟子圈中有個重要的差別，他們被區分成兩類：一般弟子與聖弟子。這個差別不在於外在形式與生活型態，而在於內在心靈的層次。若我們從整個佛教傳統下的世界觀，或組成本書的傳記結構來看，這個差別會更加清楚。

### 佛教的世界觀──三界、輪迴、業

佛教經典編輯者所信受的世界觀，和現代科學告訴我們的差異甚大，它是由三個基本而相關的公理所構成。

第一，有情的宇宙是個多層次的巨構，有三個主要的「界」，

各個界又有許多附屬的「地」。最粗的一層是「欲界」，由十一個地組成：地獄、畜生道、餓鬼道、人道、阿修羅道與六欲天（譯按：四王天、帝釋天、夜摩天、兜率天、化樂天、他化自在天），其中只有人道與畜生道是我們自然感官功能可以感受到的。

在欲界之上是「色界」，那是與禪定相應的十六個向上遞升的較高的地，在此較粗的色法消失，眾生可享受比人間更高的喜悅、平靜與力量。最後，在佛教宇宙的頂端是「無色界」，四個與無色禪相應的極微妙的地，在此色法完全消失，住於此地者都只由心識構成。❷

第二個公理是轉世。佛教主張一切未覺悟的眾生——尚未斷除無明與渴愛者，都會被困在三界之內流轉。從無始以來，轉生即受到無明與渴愛的驅策，牽引意識流在一個反覆、持續不斷的過程中，從死亡到新生。這個不間斷的生死相續即稱為「輪迴」。

第三個公理是決定轉世領域的原則，即佛陀所謂的「業」，特殊意志下的行為。根據佛陀的說法，我們所有的善、惡業行都受制於無可逃避的報應法則。我們的行為會在進行的意識流中，留下造成異熟(vipāka)②的潛能——當累積的業遇到相應的因緣時，便會產生果報。

「業」不只決定人會投生到特定的地，同時也決定我們固有的

能力、習性與生命的基本方向。「業」運作的模式是道德上的：惡業——貪、瞋、痴所推動的行為，會帶來不好的轉世並造成痛苦；善業——布施、慈悲與智慧所推動的行為，則會帶來好的轉世與幸福快樂。❸

因為輪迴裡的一切經驗都是無常與苦的，所以早期佛教的終極目標，是從這個自生的循環中跳脫出來，達到無為的狀態——涅槃，在此不再有生、老與死。這是佛陀本人所達到的目標，是他自己神聖探索的頂點，也是他一直為弟子設定的目標。

## 凡夫弟子於世間生死輪迴

兩種弟子間的差別就在於他們與此目標的關係。一般的弟子就是凡夫或異生(puthujjana)③，人數要遠遠超過聖弟子。

這種弟子也許真誠皈依三寶，並完全投入「法」的修行，但不論他們的努力如何，就是還未達到不退轉的程度。他們尚未親自見法，尚未斷除內心的結縛，也還未進入永不退轉的究竟解脫之道。

他們目前的修行模式是在性格上作好準備：希望把心的功能導向成熟，在適當的情況下，便可進入出世間道。除非他們生起那種經驗，否則便得在輪迴中轉世——不確定地漂泊，還會犯戒，甚至轉生惡道。

### 聖弟子出離世間不退轉

相對應於一般弟子的是聖弟子❹，這些弟子凌駕於凡夫之上，已達到不退轉的程度，七世之內一定能達到最終的目標。支持他們從凡夫到聖者的，是內在的徹底轉化，這轉化可以從認知的與心理的兩個互補的角度來看。

經典指出認知的觀點是「得法眼」(dhammacakkhu-paṭilābha)④與「法現觀」(dhammābhisamaya)。❺這樣的事件，永遠改變人的命運，通常發生在弟子圓滿前行，並著手修觀時。在某一點，當洞見深入現象的本質時，會使慧根的成熟，當一切因緣具足時，無明的迷霧瞬間消散，讓弟子得以窺見無為界，即整個解脫過程的先決條件與最後一項——無死涅槃。

當這個洞見生起時，這個弟子便成為佛陀法音的真正傳人。經典中稱這樣的弟子為：

> 已見法者、得法者、知法者、已深入法者、已度疑者、已離惑者、已得無所畏者、放師教不依他者。(MN 74)

雖然這洞見可能仍然模糊、不圓滿，但這弟子已見到究竟實相，接下來只是時間早晚的問題，在精進修行之下，他或她終會將這個洞見帶往正覺，完全體證四聖諦。

弟子進行轉化的另一面是心理狀況，即永久斷除某些被稱為

「煩惱」的不善心所。為了便於闡述，煩惱通常被區分成十種結縛，之所以如此稱呼，是因為它們將眾生困在生死輪迴中。從經典看來，在某些特例中，一個前世便擁有高度智慧者可以立即斬斷十結，從凡夫一躍成為完全解脫的阿羅漢。

## 四雙八輩的聖僧伽

不過，更典型的成就過程是，在四種不同的覺醒時機，按類相繼斷除十結，這是標準的作法。當圓滿現觀與斷除結縛時，結果產生四個階段的聖弟子，每個主要的階段又可再細分成兩種階段：「道」的階段，即當弟子正為除去特別成串的結縛而修行時；以及「果」的階段，即當完全地突破且斷除結縛時。這便是聖僧伽的古典分類法──四雙八輩。

### 入流──斷除身見、疑見、戒禁取見

覺悟的第一階段稱為「入流」（sotāpatti，須陀洹），因為有了這成就，弟子才有資格被說成是進入「法流」（dhammasota），即趨入涅槃的八聖道，永不退轉。

「入流」是由初次生起法見所產生，特色是斷除最粗的三結：（一）身見，即眾生於五蘊等法中，妄計有個實體的「我」；（二）疑見，即懷疑佛陀與他的教法；（三）戒禁取見，相信

只有外在的儀式（包括宗教儀式與苦行主義的苦修形式）能
帶來解脫。

斷除這三結後，入流者便不會再轉生地獄、餓鬼與畜生道等
三惡道。這種人頂多在人間或天界轉世七次，便能確定達到
究竟解脫。

## 一來──減弱貪、瞋、痴

下一個重要的覺悟階段是「一來」(sakadāgāmi)，只要在人間
或欲界天轉世一次，便可在那裡達到究竟目標。

「一來」除了已斷除的三結之外，並未再斷除任何結縛，但它
減弱了三根本煩惱──貪、瞋、痴，它們只是偶爾生起，並
且程度都很微弱。

## 不還──斷除欲貪與瞋恚

第三個階段是「不還」(anāgāmī)，又斷除第四與第五分結的
兩個根本煩惱──欲貪與瞋恚，移除它們各種的，甚至最微
細的偽裝。因為這兩結是將眾生困在欲界的主要結使，顧名
思義，「不還者」就是永遠不會再返回此界。

此外，這種人會自然轉生在崇高的色界天之一的淨居天，只
有不還者能到達這裡，並在此達到究竟涅槃，無須再回到這
個世界。

## 阿羅漢──斷除色貪、無色貪、慢、掉舉、無明

第四也是最後的聖弟子階段是「阿羅漢」(arahatta)，他斷除了「不還者」殘留在「不還」中未斷的五上分結：色貪、無色貪、慢、掉舉、無明。由於無明是一切煩惱中最根深蒂固的，當阿羅漢完全覺悟四聖諦時，無明與其他所有殘存的煩惱便一起瓦解。心接著進入「諸漏已盡，得無漏心解脫、慧解脫」──佛陀稱此狀態為「梵行的無上成就」。

阿羅漢是早期佛教圓滿成就的弟子，整個佛教團體完美的典型。當談到佛陀的解脫，即使是佛陀本人，也被描述為是位阿羅漢，他宣稱阿羅漢斷除的煩惱與他是相同的。對阿羅漢來說，既無更進一步的目標要達成，也不會從已達成的目標上退轉。他或她已完成聖道的開展，已完全覺悟存在的本質，並斷除內心一切的結使。

阿羅漢的餘生便是以一顆清淨安穩的心，安住在寂靜中，在涅槃的體證上。然後，隨著身體的敗壞與壽命的結束，他或她便結束整個輪迴的過程。對阿羅漢來說，死亡並非與別人一樣，是通往另一個新生的入口，而是通往無為狀態本身──「無餘涅槃界」(anupādisesa-nibbānadhātu)的大門。這是佛陀教法所指出的，是真正苦的滅盡，以及無始生死輪迴的終結。

# 過去與現在諸佛點燃正法之光

一般都認為，在早期佛教中只承認一佛——喬達摩・釋迦牟尼佛，多佛的概念是屬於大乘佛教崛起前佛教思想階段的新看法。現存最古老完整的有關佛教初期的資料來源——巴利藏經，顛覆了這個假設。

## 發現涅槃之道

經典中時常提到身為喬達摩前輩的六位古佛，並且在一部經(DN 14)中，佛陀對他們的生平還做了詳盡的介紹。在其他地方，他預言了一位名為「彌勒」(Metteyya)的未來佛出世，他會在一個心靈黑暗的時代，重新點燃正法之光(DN 26)。

在上座部較晚的文獻中，過去佛的數目增加到二十七位，在這些佛當中第二十四位燃燈(Dīpaṅkara)佛的座下，有個人被預言會在未來成佛，他就是喬達摩佛陀。❻

在歷史與宇宙的過程裡，每位佛陀的特殊作用是去重新發現與宣告被遺忘的涅槃之道。對於佛教來說，歷史不是從創世紀到啟示錄的直線呈現，它是在宇宙過程較廣的循環裡，相互套疊的反覆生滅循環中發展。世界系統生、住、異、滅，被從古老灰燼中生起的新世界系統所取代。在這樣的背景下，於無盡的時空中，眾生在三界中輾轉輪迴。

輪迴內的一切存在皆承受痛苦：它是短暫、不穩定與無實體的，從痛苦的出生開始，且在老、病、死的痛苦中結束。不過，每隔一段時間，從輪迴的黑暗迷宮中，便會出現一個人——總是在人間——他解開維繫這個束縛過程的紛亂因緣，藉由他自己的獨立智慧，發現被遺忘的涅槃之道——圓滿、平靜、解脫的無為法。這個人便是佛陀。

## 建立教團，指導佛法

佛陀不只重新發現涅槃之道，他還建立教說，給其他無數眾生學習佛法與實踐解脫道的機會。為了拉拔學道者，每位佛陀都建立僧伽——出家比丘與比丘尼的教團，他們出家而全心投入梵行或清淨的生活。每位佛陀都自由與公開地對比丘、比丘尼、優婆塞與優婆夷等四眾弟子教導佛法，為他們指出在輪迴裡向上提升的行為方針，以及解脫整個邪惡循環的道路。

即使對那些未達到初果的人來說，佛陀的出現仍然是件幸運的事，因為藉由皈依三寶，供養佛陀與僧伽，以及著手修行他的教法，眾生種下了最有潛力結成殊勝果實的福德種子。當種子成熟時，不只會帶領這些眾生轉生善趣，同時也會讓他們接觸未來佛，而能再度聽聞法音。當他們的諸根完全成熟時，便能現證解脫的道與果。

# 佛陀八十位大弟子

從隨侍的諸多聖弟子中，每位佛陀都會在某些特殊領域，指派幾個最卓越的弟子。

## 於特殊領域有成就的弟子們

首先，喬達摩佛陀在整個僧伽之首中，指派兩位比丘為「上首弟子」（aggasāvaka，或「聲聞中第一」），和他一起擔負指導比丘的責任，以及共統管理僧伽。兩者之中，一位是智慧第一，另一位則是神通第一。在現在佛喬達摩的教說中，這兩個職位由舍利弗(Sāriputta)及大目犍連(Mahāmoggallāna)兩位阿羅漢擔任。

此外，每位佛陀都會指派一名比丘擔任侍者，照顧他的所需，做為他和大眾之間的媒介，並隨侍他四處弘法。對我們的現在佛來說，這個職位是由阿難(Ānanda)擔任，因為他負責保存佛陀的開示，所以他也以「佛法司庫」之名著稱。

這些最崇高與親近的職位，便說明了大弟子的範圍。在巴利藏《增支部》中，有〈是第一品〉(Etadaggavagga, AN 1; chap. 14)⑤，佛陀在其中創設八十個大弟子的類型：其中有四十七位比丘、十三位比丘尼、各十位優婆塞與優婆夷。在每個職位中指派一個最出色的弟子，不過在少數個案中，也有同一

個弟子在好幾個類型中勝出的。

例如，在諸比丘之中「妙音第一」的是：侏儒羅婆那跋提(Lakuṇṭaka Bhaddiya)；「能造自然而優美偈頌第一」的是鵬耆舍（VaṇgIsa，他同時也是「辯才第一」）；「信出家第一」的是羅吒婆羅(Raṭhapāla)等。

比丘尼是由兩名上首比丘尼領頭，讖摩（Khemā，意譯為「安隱」）是「智慧第一」；蓮華色(Uppalavaṇṇā)是「神通第一」。此外，波吒左囉(Paṭācārā)則是「持律第一」；「精進第一」的是輸那(Soṇā)；「宿命智第一」的是拔陀迦比羅(Bhaddā Kapilānī)等。

在家男眾之中「布施第一」是給孤獨(Anāthapiṇḍika)；「說法第一」的是質多(Citta)；「攝眾第一」的是呵多阿羅婆(Hatthaka Āḷavaka)等。在家女眾之中，「布施第一」是毘舍佉(Visākha)；「多聞第一」的是久壽多羅(Khujjuttarā)⑥；「慈心第一」的是沙摩婆提(Samāvatī)等。

巴利藏中，這些大弟子的篇章都非常精簡，只提到類型與在該領域最出色的弟子之名。關於這些被指派弟子的背景，必須到巴利語的註釋書，尤其是〈是第一品〉的註釋中去找尋。這些註釋的內容當然是出自比經典晚的時期，雖然它們充滿傳說與誇大的內容，在在都透露了它們晚出的事實，但它們卻也在晦而不明的歷史中，清楚說明了經中被指派弟子

心靈成長的過程。

## 發願與授記

每個故事的細節雖然不同，但卻符合相同的典型。即在從前某位佛陀的教化時期，他的某位支持者，看見他指定某個弟子在某種特殊領域最為卓越。這個信徒不是立即在那位佛陀座下證果，而是發願在未來某個佛的座下，達到那個被指派弟子的卓越成就。

為了宣誓，這個信徒對佛陀與他的僧伽做了豐盛的供養，頂禮大師雙足，然後宣佈他或她的決心。世尊接著便以神通力讓心直接進入未來，並看見這個誓願會在未來佛——喬達摩座下完成，因此他便授記這名弟子，他的願望將能實現。

舍利弗與目犍連這兩位大弟子，是在過去佛高見佛(Anomadassī)座下初發心，此佛是在喬達摩之前的第十八位佛。至於其他的大弟子，則是在過去第十五佛蓮華上佛(Padumuttara)的座下發願。

## 實踐十波羅蜜

在發願與得到授記後，發願成為大弟子者必須努力在餘生中，累積滿願所需的功德與知識。這需要十種「波羅蜜」（pāramī，意譯為「勝行」、「度」），即梵文佛教所對應的「波羅蜜

多」(pāramitā)。巴利原文共有十度：施、戒、出離、般若、精進、忍、真實、決意、慈、捨。❼

在大乘系統中，究竟佛果的候補者——菩薩，是以六波羅蜜多作為修行的核心，之後的上座部教法（以巴利註釋書為代表），則認為對於一切志求覺悟者，包括追求佛果、辟支佛果❽或阿羅漢果的弟子來說，它們都是必要的。

這三種覺者之間的差別，在於實踐波羅蜜的時間長短，以及圓滿它們的要求。究竟佛果的菩薩，需要修習波羅蜜至少四阿僧祇與十萬大劫，並且必須在初、中、後三種階位上圓滿它們。辟支佛果的菩薩需要修習波羅蜜兩阿僧祇與十萬大劫。對於弟子菩薩⑦的要求，則視最後覺悟的目標而異。那些決意成為上首弟子者，必須修行波羅蜜一阿僧祇與十萬大劫，大弟子菩薩則需十萬大劫，至於層次較低的阿羅漢果菩薩，則有相對應的較短時間。❾

這個說明，有助於我們了解一個往後在本書（編按：《佛陀的聖弟子傳》系列）傳記描寫中會看到的驚人事蹟：大弟子們達到覺悟之快速與出人意料。例如，在遊方沙門舍利弗初次遇見佛教比丘時，聽到一首四句偈便成為入流者；當大迦旃延(Mahākaccāna)還是個宮廷婆羅門時，聽完佛陀的開示便證得阿羅漢果。宮廷貴婦讖摩(Khemā)證得阿羅漢時，身上仍然穿著她的華麗服飾。

人們可能很容易將這種快速的成就，視為只是另一個聖徒傳的熱情，但當我們將輪迴的背景納入考慮時，就會了解這種「頓悟」的例子絕非如表面呈現的偶然。它們的突然發生，並未違背心靈成長的自然法則，而是先前長期而緩慢準備過程的結果，在廣大的宇宙背景下經歷了無數世，一切培育的覺悟條件皆已臻成熟。那是因為弟子們一直都在進行，甚至連他們自己也不知道，在過去世中累積了豐厚的福德與智慧，因此在他們一接觸佛陀以及他的教法時，效果便立即呈現。

## 研究方法

本書是一本略傳的合集，長短不一，包括佛陀的二十四位重要弟子在內。一篇是向智長老晚年所著（《舍利弗傳》），一篇是我自己所寫（《大迦旃延傳》），其他都是由何慕斯・海克所撰寫。❿

### 感同身受的見證者

我們盡量充實本書的視野與內容，目的不只是匯集第一手的原典資料，更重要的是為有心學習早期佛教的心靈典範者帶來激勵與啟發。我們所作的略傳，並不想從區分事實與虛擬杜撰的客觀立場出發，對弟子生平的事件做各種評價，以得

到無可懷疑的歷史真相。我們採用的研究方法是將作者的觀點置入資料之內，就如感同身受的見證者與辯護者，而非置身事外的學者或法官。

對我們來說，一切事件是否一如經典中的報導，真的實際發生過，並不是那麼重要，重要的是，它們讓我們看見早期佛教團體如何看待它精神生活的典型。因此，我們不嘗試從歷史觀點去援引資料，而是忠實記錄下經文本身所告訴我們的大弟子與他們的生平，並依據我們的反思與意見，配上摘錄的引文。

## 憶念聖弟子

因此，本書的正確使用方式，是將它當作「憶念」的練習，而非客觀學者的事業。佛陀說，憶念聖弟子是禪修生活的根本，而「僧隨念」(saṇghānussati)是他經常建議追隨者的「六隨念」❶法門之一。對那些發現自己距離解脫還很遙遠的人來說，憶念那些破除我執，而達到高度清淨與智慧的聖者，是個很大的鼓舞。

藉由他們的例子，這些成就者鼓舞我們對於佛法解脫能力的信心。他們的生命說明了教法中提出的心靈典型，不只是空想而已，而是能透過活生生的人，努力對抗自身的缺點而達成。當我們研究他們的一生時，就能了解到那些大弟子都是

從像自己一樣的平凡人開始，遭遇到和我們一樣的障礙與困難。藉由相信佛陀與他的教法，以及藉由全心投入解脫道的修行，他們能超越一切我們過去所認為理所當然的限制，而提升到一個真正高貴心靈的次元。

在接下來的文章中，將探索這些站在整個佛教傳統源頭上，大弟子們的生平與性格。我們將檢視：他們過去世的背景與早期經驗；他們為了覺悟所做的努力；他們的成就與教法；他們在佛陀僧團中的表現；他們死亡的方式（如果知道的話）。這些和佛教正式的教理與修行一樣，都是佛教傳承的一部分，不只是古代歷史暮氣沈沈的片段，而是在這人類歷史的重要時機，留給我們活潑而光輝的遺產；這些弟子以他們的生命清楚說明了自我超越的可能性，那和我們的生存是緊密結合的。

### 原始資料不足的問題

我們在研究時，選擇弟子所依據的主要標準，是在教說裡他們的心靈境界與引人注目的事蹟。然而這標準，有另一個嚴格限制我們選擇的平衡要素，那就是可用的相關原始資料。

與現代心態所預期的相反，包含某位弟子的傳記資料與經文數量，並不總是和他或她在僧團中的心靈地位與角色相稱。佛陀的大弟子圈包含比丘、比丘尼、優婆塞以及優婆夷，他

們受到世尊高度的讚揚，然而這些人卻很少留下任何顯著的資料。

例如，優波離(Upāli)尊者是「持律第一」者，他負責在第一次結集中匯編原始律藏，然而他被保存下來的傳記資料卻湊不滿一頁。原始資料不足的問題在女眾弟子身上尤其嚴重，我在下面會詳細討論這點。男眾的情況也是如此，一旦離開語佛陀最親近的弟子圈時，紀錄便少得可憐，甚至完全無聲無息。很顯然地，在洞見諸法無我之後，古代的佛教徒們並沒有什麼興趣去編輯「無我者」的傳記。

## 聖弟子的略傳

儘管有這個困難的限制，但在經文與註釋雙管齊下之下，我們還是收集了足夠研究二十四位[8]弟子傳記的資料。前六章（編按：本書系列第一至三冊）是從長老比丘開始：兩位上首弟子——舍利弗與目犍連，充分地分攤了佛陀四十五年來建立教說的重任。在世尊去世之後，大迦葉(Mahākassapa)成為僧團的實質領導人，並以他的遠見確保了教說的存續。佛陀的堂弟與侍者——阿難，他強大的記憶力保存了大量的法寶，保護它免於隨著時間而流逝。佛陀的另一個堂弟——阿那律(Anuruddha)，擁有超凡的天眼能力。大迦旃延，是最能將世尊的簡短發言詳加闡述者。

雖然，有時在這些傳記中，有幾個相同的事件會重複出現。例如，舍利弗與目犍連的早期生涯，以及大迦葉與阿難在第一次結集前的生活，為了保持每一篇傳記的完整性，我們保留了這些重複。它們將這些相同的事件，從所涉及不同弟子的個人觀點中凸顯出來，從而提供我們更完整的事件輪廓。

接下來的一章（編按：本書系列第四冊）是研究十二位⑨傑出的女弟子，包括比丘尼與近事女在內。敏感的讀者可能會抗議，怎麼可以將十二位女弟子擠進一章中，而男眾弟子則安排了有九章之多，作者似乎有性別歧視。

對於這個抱怨，身為編輯的我只能回答，男女比例不平衡並非因為歧視，而是反應原始材料的分配不均。我們很希望對於女性的研究，能一如男性般深入與詳盡，但原始材料所呈現的，除了對女子去皈依佛陀，以及她們覺悟經驗的簡短描寫之外，其他都付之闕如。有時很可悲的，甚至連那些資料也不可得。

例如，蓮華色是比丘尼僧團的第二大弟子，然而她的傳記描寫（在註釋書中），卻幾乎都集中在她前世的長篇故事上——對現代人來說顯得頗為敏感。接著，便是少許她身為僧團比丘尼之歷史生活的簡短段落。

女眾弟子這一章也包含一位尚未達到任何聖果的近事女在內。她是拘薩羅國(Kosala)波斯匿王(Pasenadi)的皇后——摩利

迦（Mallikā，即末利夫人），雖然摩利迦並未證得入流果，並曾因一個異乎尋常的罪行而短暫轉生地獄，但她仍然是佛陀虔誠的支持者，她的行為在其他各方面都堪為模範。

本章最後一個故事——伊師達悉（Isidāsī，意譯為「仙見」）比丘尼，可能不是佛陀的直接弟子，有內部證明顯示她的詩甚至可能是在世尊去世後一百年才作的，但由於她的故事是在《長老尼偈》中被發現，且由於內容精彩，我們也將它納入本書中。

在女眾弟子之後是描寫一位比丘，他雖然並未被列在八十位大弟子中，但他一生的故事卻如神話一般，那就是央掘摩羅(Aṇgulimāla)比丘。他早年是個最兇惡且殘忍的連續殺人犯，但在佛陀的開導下，他從罪惡的生活轉變成聖潔的生活，並成為懷孕婦女心目中的「守護聖者」。

接著，我們要研究佛陀的第一施主——給孤獨長者的生平與成就，他將佛陀喜愛的僧團住處供養佛陀，並在許多方面都是在家佛教徒理想的代表。最後，我們以四位弟子一系列的短篇故事作為總結，包括另一位重要的在家弟子質多長者在內，他對「法」的了解與在禪修上的技巧，贏得許多比丘的讚歎。

## 資料來源

我們對大弟子描寫的主要來源是援引自上座部佛教的經典集合——巴利藏經，以中世紀的印度亞利安語，即現在所知的巴利語保存。這個集合包含三藏：「經藏」(Sutta Piṭaka)、「律藏」(Vinaya Piṭaka)、「論藏」(Abhidhamma Piṭaka)。❷最後這一藏，包含心理－哲學分析的技術領域，幾乎與我們的目的完全無關；而律藏則主要是取其戒條的背景故事，而非它自身的主題事物——僧團秩序的管理儀規。

### 來源之一——經藏

經藏因此成了我們傳記研究的基石。這一藏包含四大部：《長部》(Dīgha Nikāya)、《中部》(Majjhima Nikāya)、《相應部》(Saṃytta Nikāya)、《增支部》(Aṅguttara Nikāya)。其中的《相應部》分為五十六章，在共同主題下有許多短經；而《增支部》則是依照數目型態，從一到十一集的短經集合。我們在《增支部》的一篇中，發現〈是第一品〉，佛陀在其中提出了八十位大弟子。

除了四大部之外，經藏還有第五部：《小部》(Khuddaka Nikāya)，是該藏卷數最龐大的部分。在這部經典雜集中，我們發現四本與大弟子特別有關的作品，有兩本是一組的：

《長老偈》(*Theragāthā*)，包含與兩百六十四位比丘有關的一千兩百七十九偈，與《長老尼偈》(*Therīgāthā*)，包含與七十三位比丘尼有關的四百九十四偈。

在這兩個作品中，古代的佛教僧伽長老說出導致他們過出家生活的事件、覺悟的成就，以及他們見法的偈頌。雖然其中有許多偈頌只是訓勉的話（在經中其他地方也有類似的事物），並不太像自傳，然而這些訓勉的偈頌，卻讓我們得以一窺說話者的人格。

在《小部》裡，第三本與本書有關的作品是《本生經》(*Jātaka*)，藏經中的《本生經》只有偈頌，單獨閱讀很難理解，完整的《本生經集》（在《本生經註》中被找到）包含藏經偈頌中所蘊含的五百四十七個「出生的故事」。它們敘述了菩薩——未來的喬達摩佛陀，在過去生中積聚成佛資糧的冒險經歷與英勇事蹟。

受到華麗的印度神話所滋養，這些故事以傳說與寓言作為佛法的工具，傳達佛教倫理的課程。透過這些故事的「前言」與「後記」，它們與大弟子的研究產生關連。「前言」先道出佛陀僧團成員的插曲，帶出接下來他要說的故事，通常這些插曲反映了遙遠過去的事蹟，它們大都與和重要弟子的前世有關。在「後記」中，佛陀則比較過去生與此世所處環境的性格一致性（例如，「目犍連那時是大象，舍利弗是猴子，而

我自己則是聰明的鷓鴣鳥」），這將有助於我們發現弟子們的輪迴背景。

與本書有關的第四本《小部》作品是《譬喻經》（Apadāna），全部都是偈頌，並且較晚出現，所以選用得很少。它是一本選集，是在佛陀座下得到阿羅漢果的比丘與比丘尼敘述他們過去世所做的功德，偶爾還會提到他們最後的解脫成就。這本經分成兩個主要部分：〈長老譬喻〉（Thera-apadāna，共五十五章，各有十個故事），與短很多的〈長老尼譬喻〉（Therī-apadāna，共四章，各有十個故事）。

## 來源之二──巴利註釋書

我們所援引的第二個原始素材是巴利註釋書，其重要性僅次於藏經。在藏經的眾多註釋書中，有四本對我們特別珍貴，除了前面提過自成一類的《本生經註》外，還有《增支部》的《是第一品註》，它出現在《增支部》的完整註釋《滿足希求》（Manorathapūraṇī）中。它被歸於最偉大的巴利註釋者佛音論師(Ācariya Buddhaghosa)[10]所作。它的作品是奠基於古錫蘭註釋（已不存在），這些註釋，都被保存在錫蘭古都阿耨羅陀補羅(Anurādhapura)的大寺(Mahāvihāra)[11]中。

這一章的註釋有對每位在各領域最傑出弟子的傳記描寫。每個故事都有個類似的模式，一開始會提到這位弟子在過去世

中發願成為上首弟子，接著穿插在過去幾世中他們做了一些傑出的事，然後提到在最後一世中與佛陀相遇。通常這故事在他們被指定為大弟子時結束，但偶爾也會繼續提到他們在出家生涯中的事件。

另外兩本註釋書分別是《長老偈註》與《長老尼偈註》，它們都被命名為《勝義燈》(Paramatthadīpanī)，並且被歸為印度東南沿海巴多羅底陀寺 (Badaratittha) 的法護論師 (Ācariya Dhammapāla) 所作，他比佛音也許晚了一個世紀，它們明顯是奠基於舊文獻上，並反映出大寺的註釋原則。這兩本註釋書有部分與《增支部》的資料重複（有時會出現有趣的變異），吸納了《譬喻經》的引文，同時也解釋了這些弟子說出被認為是他們所作特殊偈頌的緣由。

還有第四本註釋書，後來被證明為是有用資料的泉源，雖然通常是富於想像的，即《法句經註》，它通常被歸為佛音所作，雖然這說法有時會受到現代學者質疑。這本註釋書有個基本前提，即《法句經》中看得到的每個偈頌（或偈頌的每一行），都是佛陀為回應某個特殊事件所說。這註釋的目的是，敘述引發佛陀說那首偈頌的過程，但它通常帶領我們超越即時的背景事件，到達造就那首偈頌的整個複雜環境網絡。有時這個註釋說到一系列的背景故事，甚至延伸到前世，因而揭露了發生在佛陀與其弟子之間的業力背景。

# 方法附記

在此要強調一點，除了註釋中的背景故事之外，我們對大弟子傳記的配置，並未考慮它們的相關性與一致性。事實上，在整個巴利藏經中，我們甚至找不到佛陀的相關傳記；關於這點，在巴利傳統中最早的嘗試，似乎是《本生經註》的序──《本生因緣》(*Jātaka-nidāna*)。

我們對弟子傳記最為完整的資料來源〈是第一品〉的註釋，似乎偏重他們過去的輪迴史，而非他們在佛陀座下的經歷，而其他註釋解釋最多的是個別事件，而非完整的生平。因此，本書的略傳是從遺留下來的經典中慢慢搭建而成，我們嘗試以自己的思惟與詮釋為接合材料，把它塑造成井然有序的整體。

此外，讓我們更難作的是，巴利藏經的編輯者在敘事時，並未根據連貫的原則，不像我們所預期現代傳記或新聞報導的方式。由於當初的參與者基本上是在一個口述而非文字記錄的傳統下，他們喜以切分音符的方式處理事件，所以考慮的不是流暢優雅的文字，而是教學與記憶的訓練需求。我們只能寄望在古代經典的紀錄中，敘事者突發與不連貫的靈感火花，不要造成太多突兀的裂痕。

在處理資料的過程中，我們試著在限於單本書的實際前提

下，讓它儘可能豐富。不過，在選擇所要納入的事件中，我
們確實是遵循著特定的標準。巴利藏經的編輯者在編輯這些
經典時，其標準基本上也和我們相同：即選擇一些事件與軼
事，最能清楚傳達該弟子的個性，以作為佛教團體學習的典
範，或能揭露他或她修行與悟法的特色。

我們也希望將該弟子一些過去世的資料納入，雖然這幾乎可
以確定是傳說，但它卻透露了早期佛教社會的認知，他們認
為那對該弟子的一生有著深遠的影響。但由於這些材料通常
都是出自如《譬喻經》與《本生經》等較晚的經典，因此我們
不想放進太多，以免讓具有歷史基礎的四部尼柯耶(Nikāya)⑫中
的資料反而變成陪襯。我們也引用了《長老偈》與《長老尼
偈》的偈頌，有時在某部傳記中，這些偈頌會被放在它們自
己的一節中一起討論，有時則是打散作為一般的側寫。

本書最有效的使用方式，是依照它們最初的寫法，即為了激
勵與薰陶心靈的目的而閱讀；不應存著閱讀小說的心態來
讀。在此建議讀者，一天最好不要閱讀超過一章，應該和你
正在學習的某個特殊弟子「交朋友」，思惟他或她的生命與教
導，並試著發現那些故事對現代人有何啟發。最快也要等到
隔天，才可以進行下一章。你的心可能會迷戀這些事，因此
最好克制一下好奇心，並不斷提醒自己為何閱讀這本合集的
原因。

正確的理由應該是：我們不是為了往昔有趣的軼事與浪漫情懷，而是為了以這些早期佛教成就者鮮活的描寫，來提升自己心靈的洞見。


## 原註

❶ 在佛陀的「十智力」中。參見 MN 12，《大獅子吼經》。

❷ 關於佛教上座部傳統宇宙圖更進一步的討論，請參考菩提比丘所編的《阿毗達摩概要精解》（A Comprehensive Manual of Abhidhamma），第五章，第二至十七節（BPS, 1993）。（譯按：中譯本由正覺學會於89年出版）

❸ 同上，第十八至三十三節。

❹ 在經典中，「聖弟子」的表述似乎有兩種定義。廣義是指「聖者的弟子」，即佛陀的弟子，包括任何用功的在家弟子；狹義的則是更專門性的定義，是指已證果的四雙八輩的聖者。在此我使用的是第二種定義。

❺ 參考 SN 13:1。

❻ 關於喬達摩之前的二十四位佛陀的詳細資料，可以在《佛種姓經》（Buddhavaṃsa）中找到。關於菩薩（佛陀）與燃燈佛相遇的故事是在 Bv. 2A 37-108；前三佛則在 Bv. 27, 1被提到。

❼ 進一步的詳細討論，請參考菩提比丘所著，《包含一切見網經》（The Discourse on the All Embracing Net of Views, part 4, BPS, 1978），即《梵網經》，第四部分。

❽ 辟支佛是在沒有老師的幫助下而達到覺悟者，類似無上的佛陀，但他並未像無上的佛陀一樣建立教團。據說只有在無上佛陀的教法不為世人所知的時期，辟支佛才會出現。請參考李爾·克羅潘伯格（Ria Kloppenborg）的《辟支佛：佛教沙門》（The Paccekabuddha: A Buddhist Ascetic, BPS, Wheel No. 305/307, 1983）。

❾ 這些差異出自《經集註》（Suttanipāta Commentary），頁 48-52（PTS編）。一劫（kappa）是宇宙生成與毀滅所需的時間。關於比喻，請參考 SN 15:5, 6。對於阿僧祇的時間，我找不到確切的說明。

❿ 海克博士原來所寫的略傳，有些已被向智長老大幅擴增。詳細請參考本書【附錄】〈各冊文章的原作出處〉。

⓫ 參考 Vism. 7.89-100。

⓬ 有關進一步的詳細資料，請見魯賽爾‧韋伯（Russell Webb）所著，《巴利藏經分析》（*An Analysis of the Pāli Canon*, BPS, 1991）。

## 譯註

① 轉法輪：「法輪」是對佛法的喻稱，「轉法輪」則是指佛陀宣說教法。以輪比喻佛法，是表示：（一）佛法能摧破眾生罪惡，如同轉輪聖王的輪寶，能摧輾山巖。（二）佛法不停滯，猶如車輪輾轉不停。（三）佛法圓滿無缺，故以輪之圓滿做為比喻。

② 異熟（vipāka）：舊譯為「果報」，是善、惡業所得果報的總稱，因為因與果必異時而熟，故稱「異熟」。

③ 異生（puthujjana）：即指凡夫。因凡夫輪迴六道而受種種別異的果報；又因凡夫由種種變異而生邪見、造諸惡業，所以稱為「異生」。

④ 得法眼（dhammacakkhu-paṭilābha）與法現觀（dhammābhisamaya）：「現觀」意指「充分理解」，「法」是指四諦或緣起法，「法現觀」即指理論性地理解四諦或緣起法，而證悟得初果（須陀洹）。獲得此現觀的證悟即稱為「得法眼」，「法眼」是指「有關法（緣起道理）的智慧之眼」，即佛教正確的世界觀、人生觀。

⑤ 即《增一阿含經》卷三～七的〈弟子品〉、〈比丘尼品〉、〈清信士品〉、〈清信女品〉，或第一二六經《佛說阿羅漢具德經》。

⑥ 《增一阿含經》說她為「智慧第一」。

⑦ 弟子菩薩：又稱「聲聞菩薩」，共有三種：（一）未來上首弟子：每位佛陀都有兩位上首弟子，就如釋迦牟尼佛有舍利弗與目犍連兩位上首弟子；（二）未來大弟子：就如釋迦牟尼佛時的八十位大弟子；（三）未來普通弟子：除了上述兩種弟子以外的阿羅漢。詳見《宿住論》（《大本經》的註釋。DN 14）。

⑧ 參見【英文版編者前言】註②，頁25。

⑨ 在原書〈佛陀的偉大女弟子〉一章中，共分十二節──介紹女弟子的故事，其中一節包含兩位女弟子，所以應為十三位女弟子。

⑩ 佛音論師（Ācariya Buddhaghosa）：五世紀中印度摩揭陀國人，是上座部佛教最偉大傑出的論師。西元 432 年渡海至錫蘭的大寺，將全部錫蘭文的三藏聖典翻譯成巴利語，並領導完成註釋工作，奠定上座部佛教興盛的基礎。又撰有《清淨道論》，是匯集南傳上座部教理最詳盡的論書。

⑪ 大寺（Mahāvihāra）：西元前三世紀中葉，阿育王之子摩哂陀長老往錫蘭傳教，於古

都阿耨羅陀補羅建立提沙拉瑪精舍，是為大寺的前身。從此錫蘭佛教迅速發展，以大寺為統一教團的中心。至西元前一世紀，錫蘭佛教分裂為大寺派與無畏山寺派，前者堅持保守傳統上座部佛教，後者容納大乘佛教。西元五世紀，佛音論師於大寺注釋三藏，奠立大寺派基礎，至十二世紀左右，無畏山寺派消失，大寺派的上座部佛教才完全確立其在錫蘭的正統地位至今。

⑫ 四部尼柯耶（Nikāya）：即《長部》、《中部》、《相應部》、《增支部》。

# 第一部

佛法大將
## 舍利弗

向智長老／撰

# 星空中閃耀的滿月

在斯里蘭卡的許多寺院中，你會發現佛陀兩側各有一個比丘
雕像，他們身披袈裟，偏袒右肩，雙手合十，恭敬地站著。
在他們的腳前，經常有虔誠信徒所供養的花朵。

## 遺骨重現世間

如果你問他們是誰，別人會告訴你，他們是佛陀的兩位上首
弟子——阿羅漢舍利弗與目犍連。舍利弗站在佛陀右邊，目
犍連站在左邊，他們所站的位置，正代表他們一生的職志。
在上世紀中葉，於桑奇(Sāñchi)開啟的佛塔①中，發現兩只裝
著舍利的石器，面北的裝著目犍連的舍利，面南的則裝著舍
利弗的。

它們就這樣靜靜地躺在這裡兩千多年，訴說著人身無常的法
音。羅馬帝國興起又衰亡；古希臘的光輝則只剩下遙遠的記
憶；新興的宗教，通常以流血與戰火，在大地多變的容顏
上，寫下自己的名字，最後也只是與底比斯與巴比倫的傳說

混雜在一起；當未曾聽聞佛陀教法的世代生起又消逝時，商業的潮流逐漸將文明的重心從東方轉移到西方。

但聖弟子們的遺骨一直未受打擾，他們的出生地已遺忘了他們，唯有佛陀法音所在之處，仍緊緊牽繫著對他們的記憶。他們一生的紀錄代代相傳，起初是口傳，然後是被記錄在事上最浩瀚、最詳盡的宗教典籍——佛教三藏的冊頁上。在上座部佛教地區，這兩位弟子僅次於世尊本人，於佛教徒心中備受尊崇。他們的名字一如佛，與佛教的歷史密不可分。如果說他們的傳記因時間嬗變而摻入許多傳說，那也是一直以來，人們對他們虔誠信仰的自然結果。

像這樣的高度尊崇絕對是公允的，很少宗教導師能像佛陀一樣在當世就擁有如此卓越的弟子。在接下來的內容中你會看見，他們所說兩位最偉大的弟子之一——舍利弗尊者的故事，他智慧的深度與廣度以及教導解脫法的能力上，皆僅次於佛陀。

## 「佛法大將」舍利弗

在三藏中，並沒有關於他一生的記載，但從分散在各處的經典與註釋中，我們可藉由各個插曲拼湊出他的形象。其中有些不只是插曲而已，因為他的一生與佛陀的生命、僧團是如此緊密結合，在其中他扮演著重要的角色。

在許多場合中，是由舍利弗本人領銜——他既是熟練的教誡者與模範，也是親切與體貼的朋友，又是管理比丘福利的守護者，以及世尊教法忠實的寶庫，這種種功用為他贏得了「佛法大將」(Dhammasenāpati)的稱號。

他一直都是這樣一個人，安忍而穩定，在思想、言語與行為上都謙虛而正直，單是仁慈的舉止就能讓人一生中都感念不已。即使在其他解脫一切煩惱的阿羅漢之中，他都像在星空中閃耀的滿月一樣。

接著，我們便盡最大的努力，為大家獻上這位擁有睿智與高貴本性，一位大師真正弟子的故事。如果讀者能從這本不完整的紀錄中，認識一位圓滿者，即究竟解脫與達到最高覺悟者的一些特質，以及他的言行與處世之道，並且如果這篇作品能帶給你信心與力量，讓你確信「人可能的轉變」，則我們的努力便很值得，這也是我們最大的欣慰。

**譯註**

① 桑奇佛塔：位在印度中部的桑奇，始建於西元前三世紀的阿育王時期，陸續增建至西元十一世紀為止，至今有二千二百餘年的歷史，是世界上現存最古老、保存最完整的佛塔遺蹟，包括佛塔、塔門、僧院等共有五十一處之多。其中，大塔的建築保存最完整，二塔的年代最久遠，三塔則以埋藏舍利弗與目犍連的舍利而聞名，兩位尊者的舍利於1851年由英國人康寧漢所發現。詳見《印度佛教史詩：圖解桑奇佛塔》（橡樹林出版，2003）。

第一章

# 求法

這個故事得從印度離王舍城(Rājagaha)不遠的兩個婆羅門村落，優波提舍(Upatissa)與拘律陀(Kolita)開始說起。❶

## 早年的生活

在佛陀出世以前，一位住在優波提舍村❷，名為留帕舍利(Rūpasāri)的婆羅門女懷孕了，同一天，在拘律陀村另一位名為目犍利(Moggallī)的婆羅門女也同樣懷孕。這兩個家族很親近，七世交好。從她們懷孕的第一天起，家人們無不悉心照料，十個月後，兩個女人在同一天都生下男孩。在命名日，留帕舍利的小孩就取名為「優波提舍」，他是該村第一家庭之子。同理，目犍利的兒子便取名為「拘律陀」。

這兩個男孩長大之後，他們接受教育並精通所有的學科，各擁有五百名婆羅門少年追隨者，當他們到河邊或公園嬉遊時，通常有五百頂轎子伴隨優波提舍，拘律陀則有五百部馬車同行。

## 思惟無常，發願求道

某日，在王舍城有個稱為「山頂節」(Hilltop Festival)的年度大事，這兩個少年被安排坐在一起觀賞慶典。當眾人歡笑時，他們跟著歡笑，當場面刺激時，他們也跟著興奮，且另外花錢看更多的表演。第二天，他們也是一樣享樂。

然而，到了第三天，有個奇怪的想法在他們心裡投下陰影，使他們不再歡笑、興奮。他們坐在那裡，觀賞戲劇與舞蹈表演，死亡的魅影一閃而逝，他們心裡起了疙瘩，再也無法和以前一樣。這個陰鬱的心情逐漸在他們心裡凝結成迫人的疑問：「這有什麼好看的？百年之後一切都灰飛煙滅，我們是否應該去尋求一個解脫的教法呢？」

他們不約而同地，就在這樣的想法中，靜靜地坐著度過第三天的節慶。拘律陀注意到他的朋友似乎有點憂鬱與壓抑，便問他：「怎麼回事呢？我親愛的優波提舍！你今天不像前幾天一樣地快樂與歡喜，好像在煩惱什麼事。告訴我，你心裡在想什麼？」

「親愛的拘律陀！我在想欣賞這些空洞的表演，對我們毫無益處。反之，它浪費我們的時間，我真正該做的是，在無盡的生死輪迴中，找出一條解脫之道。而拘律陀，你似乎也有些不滿足。」

拘律陀回答：「我的想法和你完全一樣。」當優波提舍知道

他朋友的想法與自己不謀而合時，便說：「太好了！不過，要追求解脫的教法只有一個辦法，那就是出家成為沙門(samaṇa)①。但是，我們應追隨誰過沙門的生活呢？」

## 以刪闍耶為師，尋找「不死」

那時，王舍城裡住著一位遊方的沙門，名為刪闍耶(Sañjaya)，擁有許多從學的弟子。優波提舍與拘律陀決定在他座下出家，便去找他，並各自帶領五百名婆羅門少年前往，他們全都在刪闍耶出家。刪闍耶從此聲名大噪，護持也激增。

在很短的時間內，這兩個好友便學完刪闍耶的全部教法。於是，他們去找他，並問：「師父！您的教法就僅止於此嗎？或者還有更好的東西？」

刪闍耶回答：「就僅止於此，你們已完全知道了。」

聽到這回答，他們心想：「果真如此，繼續跟著他修梵行便沒用了。我們出家為的就是要尋找解脫的教法，在這裡我們已找不到。但印度很大，如果我們行遍各城市、鄉鎮與村落，一定可以找到能為我們指出解脫道的師父。」

從此以後，每次聽到哪裡有睿智的沙門或婆羅門，他們就去尋找並學習其教法。但沒有任何人能回答他們所有的問題，而他們卻能回答那些前來質疑的人。

他們就這樣遊遍整個印度，再返回王舍城。他們相互承諾，

兩人之中無論誰先找到「不死」②，都要趕緊通知另一個人。這個兄弟之盟，是源自於兩個年輕人間深厚的友誼。

### 遇見阿說示比丘，初聞因緣法

在他們許下承諾之後一段時間，世尊前往王舍城。他剛結束覺悟之後的第一個雨季安居，如今是遊行與教化的時間。在他覺悟前，曾答應過頻婆娑羅王(Bimbisāra)，在他達到目標之後，會重返王舍城，如今他正要前往實踐諾言。世尊逐漸從伽耶(Gayā)走向王舍城，接受頻婆娑羅王贈與的竹林精舍(Veḷuvana)，並在那裡落腳。

在世尊派出去弘揚解脫法的第一批六十一位阿羅漢之中，有位阿說示(Assaji)長老。他是在菩薩（佛陀）未成佛前，於苦行期間照料他的五位苦行者之一，他同時也是最初的五比丘之一。

有天早上，當阿說示在王舍城沿街乞食時，優波提舍看見他安詳而緩步地挨家挨戶托缽。❸受到阿說示莊嚴且安詳的威儀所震撼，優波提舍心想：「我從未見過這樣的出家人，他一定是位阿羅漢，或正趨向阿羅漢之道的人。我為何不問他呢？」但接著自忖：「現在他正在沿街乞食，不是向他發問的適當時機，我最好是執弟子禮，跟在他後面。」於是他便如此做。

然後，當這位長老結束托缽，找個安靜的地方準備進食時，優波提舍趕緊攤開自己的坐布請他坐下。阿說示長老坐下並進食，之後優波提舍從自己的水壺中恭敬地呈上水，他的表現就像學生在服侍老師。

在禮貌的寒暄過後，優波提舍說：「朋友！您的相貌安詳，器宇軒昂，請問您是跟隨誰出家修行？您的老師是誰，又信奉誰的教法呢？」

阿說示答道：「朋友！有位偉大的出世修行者，是出身高貴的釋迦族後裔。我就是在世尊的座下出家，世尊便是我的老師，我信奉的是他的教法。」

優波提舍說：「這位尊貴的大師教導了什麼？他弘揚的是什麼法？」

聽到發問之後，阿說示長老自忖：「這些遊方沙門是反對佛陀教法的，我應該讓他知道這教法是多麼深奧。」因此，他說：「朋友！我才出家不久，最近才剛接觸這個教法與戒律，因此無法為您詳細解釋佛法。」

「朋友！我叫優波提舍。請根據您的了解告訴我，或多或少都無妨，我自有辦法看出它的意義來。」他接著又說：

　　無論話語多或少，
　　　唯有意義請直陳，

但明深義吾所願，
語多於我並無益。

於是阿說示長老回他一偈：

從因所生之諸法，
如來說明其因緣，
諸法復從因緣滅，
此即大沙門之法。❹

聽到前兩句，沙門優波提舍對於「法」便生起清淨無染的洞見──初見「不死」，得入流道。而聽到後兩句後，他便得到入流果，成為須陀洹。

他立即知道：「這就是我要找的解脫法。」他對長老說：「尊者！無須再闡述這個佛法。這樣就夠了，但我們的老師住在哪裡呢？」

「在竹林精舍，沙門。」

「尊者！請您先行。我有個相互承諾分享法義的朋友，我要去通知他，然後再一起去參見世尊。」優波提舍頂禮長老的雙足之後，便回到沙門的聚居處。

## 勸導刪闍耶追求解脫道

拘律陀看到他回來，立刻就知道：「今天我的朋友形容殊異，顯然他一定已找到『不死』。」他一開口發問，優婆提舍便回答：「是的，朋友，已經找到『不死』了！」他告訴他見到阿說示長老的所有經過，當他覆誦他所聽到的偈頌時，拘律陀也當下得到入流果。

「我親愛的朋友，這位導師住在哪裡？」他問道。

「我從我們的老師阿說示長老那裡得知，他就住在竹林精舍。」

「那我們走吧！優波提舍，去參見世尊。」拘律陀說。

但舍利弗一直是個很尊敬老師的人，因此他對拘律陀說：「首先，親愛的朋友，我們應該去找老師刪闍耶沙門，並告訴他我們已找到了『不死』。如果他能了解，便可以洞察真理；否則，出於對我們的信任，他也許會和我們一起去見世尊。聽到佛陀的教導後，他將達到見法的道與果。」

因此，他們一起去見刪闍耶並說：「老師！佛陀已經出現於世。他的教法殊勝，並且他的僧團也都遵循正道，讓我們一起去參見世尊吧！」

「我親愛的弟子，你們在說什麼？」刪闍耶生氣地大叫。他拒絕和他們一起去，並且提議任命他們為共同領導人，以名利來誘惑他們。但這兩個年輕沙門拒絕改變決定，說道：「喔！我們並不介意永遠當學生，但老師您必須知道自己是否

該去。」

此時，刪闍耶心想：「他們知道得這麼多，絕對不會聽從我的話。」明白了這點，他回答：「你們可以去，但我不行。」

「為什麼，老師？」

「我如今是許多人的老師，如果我回復弟子的身分，那就像從大水缸變成小水壺。現在，我無法再回去過學生的生活了。」

「別那麼想，老師！」他們勸他。

「別再說了，我親愛的弟子。你們可以去，但我不行。」

「老師！佛陀已經出現於世，人們無不帶著香與花蜂擁地禮敬他。我們也會去那裡，接下來你怎麼辦呢？」

刪闍耶回答：「好弟子，你們認為如何：這世上愚人比較多或智者比較多？」

「啊！老師，愚人多而智者少。」

「果真如此，我的朋友，智者便會去找睿智的沙門喬達摩，而愚人則會來找愚笨的我。你們現在就可以去，但我則不行。」

因此，這兩個朋友就離開了，臨走前說：「老師！你將會了解自己的錯誤。」他們離開後，刪闍耶的學生便分崩離析，他的道場幾乎空無一人。看見自己的道場就此荒蕪，刪闍耶急得吐血。他的五百名弟子跟著優波提舍與拘律陀離開，其中有兩百五十人後來又重回刪闍耶身邊。剩下的兩百五十人，和這兩個好朋友以及兩人的隨員，一起來到竹林精舍。

# 以佛陀為師

彼時，世尊坐在四眾弟子❺之間，正在說法，當他看到兩個沙門遠遠前來時，便告訴比丘們：「這兩個朋友，現正走來的優波提舍與拘律陀，未來將會是我的兩位上首弟子，最優秀的一對。」

## 出家

這些沙門抵達之後，就頂禮世尊，並坐在一旁。坐定後，他們對大師說：「願我們都能在世尊座下出家，願我們都得受具戒。」

世尊說：「善來，比丘！③法已善說，現在就修習梵行，以止息苦吧！」佛陀就此為這些尊貴的沙門授戒。

然後佛陀就依聽者個人的性行④來繼續說法，除了優波提舍與拘律陀之外，其他的人都證得阿羅漢果。但在那次的說法裡，他們兩人並未獲得更高的道與果，因為他們需要一段長時期的準備訓練，以便圓滿他們個人的命運，那就是成為世尊的上首弟子。

## 證得阿羅漢果

在他們進入佛教僧團後，經典中總是稱優波提舍為「舍利弗」

(Sāriputta)，而稱拘律陀為「大目犍連」(Mahāmoggallāna)。

為了進行密集訓練，目犍連住在一個鄰近摩揭陀國(Magadha)的伽羅瓦拉子村(Kallavālaputta)，他在那裡靠托缽乞食維生。在他出家後第七天，當精進禪修時，受疲憊與昏沈所苦。但在世尊的激勵下，他消除疲憊，並且在聆聽世尊講解「界業處」(dhātukammaṭṭhāna)⑤時，逐一證得後三個較高的道⑥，並成就了最高的聲聞波羅蜜智。

但舍利弗繼續待在世尊身邊，住在「野豬窟」(sūkarakhata-leṇa)的洞穴中，於王舍城托缽維生。在他出家後半個月，世尊為舍利弗的侄子「長爪」(Dīghanakha)行者說法。❻

舍利弗正站在世尊身後，為他搖扇。當他隨著世尊的開示思惟時，就像分享為別人準備的食物一般，他當下便成就了最高的聲聞波羅蜜智，證得阿羅漢果，獲得四無礙解智(paṭisambhidā-ñāṇa)❼。他的侄子也在聽完開示之後，證得入流果。

有人或許會問：「舍利弗不是擁有大智慧嗎？那麼他怎麼會比目犍連晚證得阿羅漢果？」根據註釋書所說，那是因為他需要較多的準備。這就像當窮人想要去哪裡時，他們可以立刻就動身；但如果是國王，就必須大費周章地準備，這需要時間。要成為某位佛陀的首位「上首弟子」，情況也是一樣。

## 成為佛陀的上首弟子

就在當天，夜幕低垂時，世尊召集弟子們，將「上首弟子」位授與兩位尊者。此時，有些比丘感到不滿而竊竊私語：「世尊應該將上首弟子位授與那些最早出家的五比丘；如果不是他們，也應該是以耶舍為首的五十五比丘，或賢胄部(bhaddavaggiya)的三十位比丘聖眾，或迦葉三兄弟。❸怎麼可以跳過這些大長老，而授與這兩個後生晚輩。」

世尊徵詢他們的說法後，說道：「我並無偏愛誰，而是依照各人過去的發願而授與罷了！例如，憍陳如(Aññā Koṇḍañña)前世，在某次收割期即布施了九次，但他並未發願要成為上首弟子，而是發願要成為第一個證得阿羅漢果者，結果就如他所願。然而，許多劫以前，在妙見佛(Anomadassī)時，舍利弗與目犍連就發願要成為上首弟子，如今滿足那個願望的因緣成熟了。因此，我只是根據他們過去的發願而授與，並非出自我個人的偏好。」

### 過去生的發願

佛陀的陳述凸顯了一個佛教思想的基礎原則：我們是誰，以及我們此生的命運，都不是我們出生以後，這段短暫時間內動機與行為的產物，而是反映過去無數次輪迴經驗累積而成

的一潭深泉。

因此，偉大弟子舍利弗的故事，理應溯及遠古，以傳說的形式被保存在我們心中。然而，這種傳說不只是憑空杜撰的想像；反之，它是因為太過深奧與普遍，以致於無法被簡化為單純的歷史事件。只有透過將事實轉化成神聖的原型，再將原型轉化成心靈典範，才能充分傳達這種原則。

這個特殊的傳說，帶領我們進入遙遠過去的一阿僧祇與十萬劫前。❾那時舍利弗尊者的前身是生在一個富有的婆羅門家庭，名為沙拉達（Sarada）；目犍連的前身則生在一個富裕的長者家庭，名為尸利瓦達那（Sirivaddhana）。兩家是舊識，這兩個男孩從小就是玩伴與密友。

沙拉達在父親死後，繼承了龐大的家產。但不久之後，在獨處時反省到自己無可避免地終會死去之後，他毅然放棄所有財產，離家去追尋解脫之道。沙拉達去找好友尸利瓦達那，請他加入一起去尋找，但尸利瓦達那還放不下對世間的貪著，因此拒絕他。不過，沙拉達堅持自己的決定，拋棄一切財富，出家去過纏髮苦行的生活。很快地，他輕易地便精通世間禪法與神通，並吸引了一批弟子。他的隱居處也逐漸成為一個大沙門團體的家。

此時妙見佛——喬達摩佛之前的第十八佛——已出現於世。有一天，妙見佛在禪定中以神通力觀照世間，照見沙拉達行

者與他的隨從。他了解到去拜訪這個團體,將能為許多人帶來大利益,因此他便離開他的僧團,隻身前往他們的住處。沙拉達沙門注意到這位訪客的相好莊嚴,隨即便了解這個客人是正等正覺者。他謙虛地讓出座位,並獻上弟子收集來的食物。

在此同時,妙見佛的僧團弟子也來到住處加入他,共有十萬名解脫煩惱的阿羅漢,由尼薩跋(Nisabha)與阿耨瑪(Anoma)兩位上首弟子率領。為了表達對佛陀的敬意,沙拉達高舉著鮮花做成的傘蓋,站在世尊背後。佛陀進入滅盡定——滅除一切受、想與其他心所的禪定中,他整整七天住於定中,而在這七天內,沙拉達一直高舉傘蓋,站在他的身後。

一週過後,佛陀從滅盡定中出定,請他的兩位上首弟子為沙門大眾說法。在他們結束後,佛陀接著說,在他開示完後,沙拉達的所有沙門弟子都證得阿羅漢果,並要求加入佛陀的僧團。

## 妙見佛的授記

然而,沙拉達並未達到阿羅漢或任何其他聖果。因為當他在聽上首弟子尼薩跋開示時,很欣賞他的雍容舉止,於是發願要成為未來佛的第一位上首弟子。因此,在法會結束後,他去找妙見佛,頂禮他的雙足,並說:「世尊!藉由我一週以

來高舉傘蓋供佛的功德，我並不渴望統治諸天，也不想成為大梵(Mahābrahmā)⑦，或得到任何其他善果，唯願未來能成為一位完全覺悟者的上首弟子。」

世尊自忖：「他的願望能實現嗎？」便以神通力進入未來，看見他的願望將會實現。因此他對沙拉達說：「你的願絕不會虛發，未來在一阿僧祇與十萬大劫後，一位名為喬達摩的佛陀會出現於世，你會成為他第一位上首弟子、佛法大將，名為『舍利弗』。」

在佛陀離開之後，沙拉達去找他的好友尸利瓦達那，勸他發願成為喬達摩佛第二位上首弟子。尸利瓦達那不惜鉅資建造了一間布施堂，等到一切就緒後，便邀請世尊與他的僧團前來應供。尸利瓦達那一連七天，每天供養飲食給佛陀與他的僧團。

在宴席結束後，他又供養所有比丘珍貴的衣服，並在佛陀面前宣佈：「藉由這次供養的功德力，願我繼我的好友沙拉達之後，成為該未來佛的第二位上首弟子！」世尊以神通力進入未來，看見他的願望將會實現。因此他對尸利瓦達那預言，他會成為喬達摩佛的第二位上首弟子，擁有大神通力，名為「目犍連」。

兩個好友都得到授記後，便各奔前程，行善修德。身為在家眾的尸利瓦達那，照顧僧團所需，並從事各種慈善事業。而

沙拉達沙門，則持續他的禪修生涯。在他們死後，尸利瓦達那轉生欲界天，而沙拉達由於精通禪定與梵住（brahmavihāra）⑧，則轉生梵天。

## 《本生經》中的舍利弗

此後便沒有敘述他們活動的連續性故事，但我們可從另一個角度切入，他們和另一個人在輪迴過程中時有交集，他是在更早以前，在第二十四尊古佛座下發願要成就無上佛果者。這個人就是「菩薩」（Bodhisatta），後來成為喬達摩佛，我們歷史上的正覺者。

本生故事記錄了五百五十個菩薩前世的行為，在這些故事中，舍利弗扮演了重要的角色，是在佛陀所有弟子中，除了阿難之外，最常出現的人。這些故事中只有一些具有代表性的例子，會被納入本文。轉世的過程，並無六道勝劣的考慮，有時從畜生道到人道與天道，有時又從諸天到人道與畜生道。因此，可發現舍利弗與菩薩的關係世世不同。我們就以這些多樣的關係，作為我們檢視的大綱。

### 與菩薩同為動物

在過去有好幾世，菩薩與舍利弗都是動物。有一世，菩薩是

一隻鹿王，育有二子，皆授以領袖之道。其中一子（舍利弗）遵從牠父親的建議，率領族群走向富庶；另外一子，即後世嫉妒佛陀的堂弟——提婆達多，摒棄父親的建議，任意妄為，帶領族群走向災難(Jāt. 11)。

當菩薩是一隻鵝王時，牠的兩個幼子（舍利弗與目犍連）想和太陽賽跑，當牠們愈來愈虛弱，而即將在飛行途中虛脫時，菩薩前來拯救牠們(Jāt. 476)。

有一世，菩薩是一隻鷓鴣，比牠的兩個朋友猴子（舍利弗）與大象（目犍連）年長，遂成為牠們的老師與指導者，是他們最後一世關係的預兆(Jāt. 37)。

在〈兔本生〉(*Sasa Jātaka*, 316)中，菩薩再次扮演指導者的角色，牠是隻睿智的野兔，教導猴子（舍利弗）、豺狼（目犍連）與水獺（阿難）持戒與布施的價值。當帝釋（Sakka）天王化身為一個貧窮的婆羅門來考驗牠的決心時，牠毅然投入火中，以身供養婆羅門。

有好幾次，這兩個未來的弟子為菩薩提供重大幫助。有一次大士(mahāsatta)⑨是隻鹿，受困在陷阱裡，牠的夥伴——啄木鳥（舍利弗）與烏龜（目犍連）——破壞陷阱救了牠。雖然獵人（提婆達多）逮到烏龜，但另兩隻動物還是設法前來營救，並成功地助牠脫困(Jāt. 206)。

但是，菩薩也不是一直都那麼幸運，《本生經》中記載了牠

們共同經歷的悲劇。在一次本生故事中(Jāt. 438)，菩薩是隻鷓鴣，教導年輕婆羅門《吠陀經》，一個邪惡的沙門（提婆達多）殺死牠，並以之為食。牠的朋友，獅子（舍利弗）與老虎（目犍連）前來拜訪牠，看見沙門鬍鬚上的羽毛，便了解他所犯下的惡行。獅子想要表現慈悲，但老虎卻殺死他，並將屍體拋入坑洞之中。這件事透露了兩個弟子間的性格差異：舍利弗，雖然勇猛如獅，卻溫和而寬厚；而目犍連，即使在最後一世已經是個覺悟的比丘，完全無害，卻仍表現出老虎的兇猛。

## 與菩薩互為動物或人

在其他本生故事中，菩薩與舍利弗，其中一個是人，另一個則是動物，而布施者與受惠者的角色也會顛倒過來。因此，我們會看到菩薩是隻駿馬，而舍利弗則是駕馭牠的戰士(Jāt. 23)。菩薩是隻無與倫比的白象，為貝那拉斯(Benares)王（舍利弗）服務 (Jāt. 122)。菩薩是隻鷓鴣，而舍利弗則是教導牠的睿智沙門(Jāt. 277)。

但是，在其他本生故事中，菩薩是人，舍利弗則是動物。例如，在一個故事中，菩薩是個隱士，從洪水中救起一個邪惡的王子與三隻動物，包括蛇（舍利弗）、老鼠（目犍連）與鸚鵡（阿難）。牠們為了表達感謝，將埋藏的寶藏獻給隱士，而

邪惡的王子則試圖將他處死(Jāt. 73)。

## 與菩薩同為天神

有時，這些未來的心靈勇士會轉世為天神。有一次，菩薩是
帝釋天王，舍利弗與目犍連則分別是月神與日神，祂們和其
他幾個天神一起去拜訪一個聲名狼藉的守財奴，將他轉變成
樂善好施者(Jāt. 450)。

通常是菩薩利益未來的弟子們，但有時我們會看到舍利弗前
來幫助菩薩。當他們一起轉世成龍族王子時，菩薩被一個凶
殘的婆羅門逮到，他讓牠在大庭廣眾下表演戲法。牠的兄長
舍利弗前去尋找牠，並解救牠脫離悲慘的命運(Jāt. 543)。當
菩薩是善良的大蓮(Mahāpaduma)王子時，因為拒絕後母的誘
惑而遭到毀謗，他的父王氣得要將他拋下斷崖，而舍利弗，
那時是山神，在他即將撞地前，將他救起(Jāt. 472)。

## 與菩薩同為人

菩薩與舍利弗在《本生經》中更常出現的身分是人。在這些
故事中菩薩清一色是英雄，善德與智慧的最佳典範，而舍利
弗則是以他的朋友、學生、兒子或兄弟的身分出現，並且通
常是當他的施主。

有一世，菩薩是國王，舍利弗是他的駕駛(Jāt. 151)。當他們

在路上遇見對手國王（阿難）的馬車時，舍利弗與他的駕駛對手（目犍連）相互比較各自國王的功德。對方不得不承認舍利弗的主人更勝一籌，他的統治對於善、惡之人皆給予利益，而他自己的主人則是賞善但罰惡。

在深具影響力的〈忍辱仙人本生〉(*Khantivādī Jātaka*, 313)中，菩薩就是那個品德高尚的忍辱仙人，受到邪惡國王卡拉布（Kālabu，即提婆達多）的辱罵與折磨。在國王為了考驗菩薩的耐性而割下他的肢體後，國王的將軍（舍利弗）為菩薩包紮傷口，並乞求他不要報復。


## 與菩薩一起求道

通常在較長的本生故事中，菩薩過的是苦行生活，而舍利弗經常會加入他一起進行探索。這樣的意向深植在兩人的性情中，終於導致他們最後一世出家的生活。

有一世菩薩是婆羅門之子哈提帕拉(Hatthipāla)，他被無子嗣的國王任命為王位繼承人。由於體認到世俗生活的危險，他決定成為沙門，他的三個兄弟很快便加入他，其中最年長的便是未來的舍利弗(Jāt. 509)。

在〈根本生〉(*Indriya Jātaka*, 423)中，菩薩是沙門，有七個上首弟子，其中六個，包括最年長者（舍利弗），最後都離開他去建立自己的道場，只有阿耨悉薩（Anusissa，即阿難）繼續

留下來當他的侍者，這預告了阿難與佛陀最後一世的關係。

舍利弗並非總是和菩薩出世間的決定一致。當菩薩身為國王，決定過苦行的生活時，他的長子（舍利弗）與幼子（羅睺羅）請求他放棄這個想法，他內心掙扎著要斷除對兒子的貪愛(Jāt. 525)。

但是，在另一世中，菩薩對於出家的決定猶豫不決，而這次舍利弗，是個名為那拉達(Nārada)的苦行者，以神通力出現在他面前，鼓勵他要繼續堅持他的決定(Jāt. 539)。

像這樣，在業風的衝擊下，這兩個聖者一次次地輪迴轉世。但是，不像盲目的眾生一樣，他們不是漫無方向與目標的流浪，而是有過去世就已經發下的誓願作為引導。在無數世之後，他們已經修行十波羅蜜，具足功德，逐漸鍛鍊出堅強的友誼與相互間的信任，實現他們長久以來奮鬥目標的時間終於來到。

因此，在他們的最後一次轉世中，在兩千五百多年前的中印度，一個成為喬達摩——人天導師，另一個則成為他最重要的弟子——「佛法大將」舍利弗尊者。

**原註**

❶ 接下來關於舍利弗早年的故事，是引自《增支部》第十四章《是第一品》的註釋。《法句經註》也有對照的版本（Dhp. Comy. w. 11-12），見 BL, 1:198-204。

❷ 根據《純陀經》（*Cunda Sutta*, SN 47:13）與《相應部註》，他的出生地是那羅卡

（Nālaka）或那羅迦摩（Nālagāma），後者可能是前者的別名。它可能就在著名的那爛陀城（Nālandā）附近。舍利弗的父親是位名叫瓦干達（Vaganta）的婆羅門。（Dhp. Comy. to v. 75）

❸ 接下來的出處是 Vin. 1:39 ff。

❹ 這首偈頌的巴利語是：

ye dhammā hetuppabhavā

tesaṃ hetuṃ tathāgato āha,

tesaɭ ca yo nirodho

emaṃvādī mahāsamaṇo.

這首偈頌後來成為最著名與傳誦最廣的佛教典型，時時提醒世人舍利弗首度接觸佛法，以及對他啟蒙恩師阿說示（Assaji）的紀念意義。（譯按：本偈頌在《佛本行集經》云：「諸法從因生，諸法從因滅；如是滅與生，沙門說如是。」）

❺ 即比丘、比丘尼、優婆塞、優婆夷。

❻ 詳見《長爪經》（*Dīghanakha Sutta, MN 74*）。

❼ 關於他成就四無礙解智的事，是出自註釋書。舍利弗也曾親口提及此事，參見AN 4:173。

❽ 五比丘是指佛陀在鹿野苑第一次說法所對的五個苦行沙門，其他人則是在佛陀正式弘法後，陸續投向佛法者。詳細請參考 Vin. 1:15-35。

❾ 請參考《增支部·是第一品》的註釋，或參見【導論】第41頁。


## 譯註

① 沙門（samaṇa）：意譯為「淨志」、「勤息」，是出家者的總稱，通於內外二道。

② 「不死」是指印度修行人所追求的永恆生命，在佛教而言，即是指止息一切煩惱，解脫生死輪迴的「涅槃」。

③ 「善來，比丘」是佛陀接受有特別善業的人成為比丘時，所說的話。在佛陀說完這句話後，那些人就會即刻現出家相，這是最初加入僧團的方式。

④ 性行是指通過個人的自然態度與行為所顯露的性格，由於過去所造業的不同，人的性格也因此不同。阿毘達磨諸論師將性行分為六種：貪行、瞋行、痴行、信行、覺行、尋行。詳見《清淨道論》第三品。

⑤ 界業處（dhātukammaṭṭhāna）：是佛教特有的修行方式，觀察、思惟身體是由地、

水、火、風四界所組成，其中並無實體的「我」存在，進而能斷除對此身的執著，而達解脫。詳見《清淨道論》第十一品。

⑥ 即斯陀含道、阿那含道、阿羅漢道。

⑦ 大梵：印度婆羅門最尊崇的主神，是眾生之父，統領大千世界。但在佛教傳統宇宙觀裡，祂是色界初禪天第三天的主神。

⑧ 梵住（brahmavihāra）：此詞可解釋為心的超越、崇高的狀態，或似梵、似天的住所，即指慈、悲、喜、捨四無量心。這四種心與與瞋心並不相容，類似沒有瞋恨的梵天，精進地培養這四種心的人，就達到等同梵天的境界，死後也能投生到相應的梵天界。

⑨ 大士（mahāsatta）：音譯「摩訶薩」，與菩薩同義。

# 第二章

# 舍利弗其人其事

## 上首弟子

### 過去、現在諸佛都擁有雙賢弟子

在《大譬喻經》(*Mahāpadāna Sutta,* DN 14)中，佛陀從九十一劫前的毘婆尸(Vipassi)佛開始，提到在他之前六佛的各種細節。他提到他們的名字、出生的時代、種姓與氏族、壽命，以及他們教學生涯的里程碑。

他同時也指出他們的兩位上首弟子的名字，這兩位上首弟子通常被描述成「二上首弟子、雙賢弟子」①。在巴利藏經的其他地方（例如，在 SN 47:14）中，佛陀說過去一切佛都有兩位上首弟子，就如他有舍利弗與目犍連一樣，未來出現的一切佛也同樣會有這麼一對。

從這些陳述中我們可以了解，上首弟子位是諸佛陀教法內在的核心本質。因此，喬達摩佛不是根據他自己的突發奇想，去任命兩位上首弟子，而是符合無始以來的典範——過去一切正覺者與未來的繼承者都遵從的典範。

### 上首弟子的責任

上首弟子在教團中的基本功能,可以被列舉出三種:(一)幫助世尊鞏固佛法,使他成為更多人、天眾生心靈轉化與解脫的工具;(二)成為其他比丘學習的典範,並督導他們修行;(三)輔佐僧伽行政,尤其當佛陀退隱或有急事單獨外出時。

佛陀始終都是教團領袖中最具權威者,任命上首弟子絕不是代表民主的「權力下放」,世尊仍是教法的唯一來源、「道」的揭示者、「無上調御丈夫」。但一如國王需要大臣來管理國家事務,身為「法王」(dhammarājā)的佛陀,將各種特殊訓練領域的責任委派給各地最夠資格的弟子。當然,最吃力的工作將落在兩位上首弟子身上,因為他們擁有最有效解決問題的敏銳度與能力。

由此我們可以了解,任命上首弟子絕非授與特權與殊榮,而是為了分攤教團各領域繁重的任務。它是為了分擔佛陀慈悲的重擔,和他密切合作以確保佛法「昌盛、繁榮、持久、普遍、廣布,在人、天之間善為宣說」(DN 16;SN 51:10)。

諸佛總是指定兩個上首弟子的原因,似乎是為了在責任領域與適應眾生根器之間,達到最佳平衡。佛陀本身便集合一切波羅蜜,他是「具足一切領域的牟尼」,但層次較低的人類,甚至覺悟的阿羅漢,則會在他們的個性與堪任才能上表現出

很大的差異。

## 喬達摩佛的兩位上首弟子

因此，為了主要責任領域的管理，佛陀身邊總是伴隨著兩位上首弟子，一個隨侍右側，另一個則在左側。兩者之中，右側的弟子，被認為是最親近世尊者，是以「大智慧」(mahāpaññā)著稱的弟子。

在喬達摩佛的例子中，這個人即是舍利弗尊者。他在教團中的主要工作是組織教法，並詳細分析它的內容。藉由他對究竟真理深入的洞見，以及他對法界(dhammadhātu)敏銳的辨識力，他負責將佛法深奧的內蘊抽絲剝繭，並仔細闡述它的意義，那是身為教法之首的佛陀，無法親自照顧到的。

另一位上首弟子，站在佛陀左側，則是以神通著稱。在喬達摩佛的僧團中，這個職位是由目犍連尊者擔任。這種神通力不是控制別人或誇耀自我的方法，而是必須建立在無我的究竟覺悟上。這個力量主要是來自精通禪定，它對於宰制心法與色法②的基礎力量，以及它們的微妙關連生起深刻的思惟。由「法」的慈悲理想所引導，這個力量被用來去除障礙，以確保佛教安住於世，並且轉化那些無法被以口語順利教化的眾生。

# 在僧團中的角色與任務

關於舍利弗尊者身為上首弟子的第一項主要工作──組織教法，將放在下一章〈轉法輪者〉中再來詳細討論。這裡我們將焦點先放在上首弟子的另外兩個角色上，探討舍利弗與目犍連如何擔當比丘們的模範與良師，以及他們如何佐理僧伽的行政事務。

### 比丘的模範與良師

在教誡僧伽時，佛陀舉出兩位上首弟子作為其他比丘遵循的模範：

> 諸比丘！有信心的比丘作希求時，應作如是正當的希求：
> 我當如舍利弗及目犍連。
> 諸比丘！彼等舍利弗及目犍連，是我等比丘弟子的榜樣與標準。(AN 2:131)

他們精通戒、定、慧三學，是比丘們所欲學習特質的具體化身。此外，因為他們都擁有分別智與辯才，所以他們是理想的老師，年輕比丘們可以向他們尋求指導與教誡。

兩位上首弟子彼此間在指導事務上的關係，佛陀在《諦分別

經》(*Saccavighaṅga Sutta*)中解釋到:

> 比丘們!應和舍利弗與目犍連往來,並時時親近他們!他
> 們是睿智的比丘與同修比丘們的誘助者。舍利弗就如生產
> 的母親,而目犍連則如照顧嬰兒的保母。舍利弗負責訓練
> (他的學生們)證得入流果,目犍連則訓練他們到達最高的
> 目標。(MN 141)

在解釋這一段時,《中部註》說到:

> 當舍利弗接受學生並教導時,無論他們是否由他剃度,他
> 都會在物質與心靈上幫助他們,在生病時照顧他們,給予
> 他們禪修的業處③。最後,當他知道他們已成為入流者,
> 不會再墮入惡道時,他就會滿懷信心地請他們離開,「現
> 在他們可以靠著自己的努力,到達最高的聖果。」他不再
> 掛念他們的未來,轉而指導另一群新的學生。
> 但目犍連則不然,在訓練過程中,除非他們達到阿羅漢
> 果,否則他不會放棄關心他們。這是因為他覺得,正如世
> 尊所說:「即使是少許的糞便,也是惡臭難聞,就算只是
> 少於彈指頃的短暫存在,我也不能讚許它。」

據說每次舍利弗給人建議之時，都表現出無限的耐心，他會不厭其煩地指導以及勸誡學生百次或千次，直到他們證得入流果為止。只有到那時，他才會請他離開，轉而教導其他人。其中有很多人，在接受他的指導並忠實地遵循之後，達到阿羅漢果。雖然《中部註》說，舍利弗一般只引導他的學生證得入流果，但在某些個案中，他也幫助比丘們達到更高的果位。

例如在《自說經註》中就說到：「爾時，處於更高學處的比丘們，通常會去找舍利弗尊者，請他指導能幫助他們得到三種更高聖道的禪修業處。」當時還只是個入流者的拉根底迦・跋提（Lakuṇṭika Bhaddiya，意譯為「矮賢者」）長老，就是在接受舍利弗的指導後，而證得阿羅漢果(Ud. 7:1)。

### 世尊的代理者

身為上首弟子，舍利弗與目犍連在世尊的直接授權下，分擔管理僧伽事務的責任，並被認為是世尊缺席時的代理者。

在《車頭聚落經》(Cātumā Sutta, MN 67)中記載，有一次，佛陀藉由斥責舍利弗未認清自己的責任，清楚說明這點。有一大群比丘（我們從註釋中得知，是舍利弗與目犍連新收的僧眾）初次來禮拜佛陀。

他們抵達後，散布各處，並開始和居住在該處的比丘們聊

天。佛陀聽到吵雜聲後，召來當地比丘詢問怎麼回事，他們告訴他是新到的比丘所所引起的騷動。經中並未說明來訪的比丘當時是否在場，但他們應該是在，因為佛陀對他們說：「出去，比丘們！我解散你們，你們不應該和我在一起。」這些新出家的比丘便離開了，但有些在家護持者為他們說情，使他們獲准回來。於是，佛陀對舍利弗說：「舍利弗！當我遣散那群比丘時，你怎麼想？」

舍利弗回答：「我想：『世尊是無為者，是實踐者，而安住於喜悅的狀態中；④我等也應當為無為者、實踐者，而安住於喜悅的狀態中。』」

「等等，舍利弗！千萬不要再這麼想！」佛陀說，然後便轉向目犍連，問他相同的問題。「當世尊遣退那些比丘時，」目犍連回答，「我心想：『世尊是無為者，是實踐者，安住於喜悅的狀態中，因此舍利弗與我現在應該看護比丘眾。』」

「說得好，目犍連，說得好！」世尊說，「我自己，或舍利弗與目犍連，都是應該照顧僧團的人。」

## 祈請制定學處

第一個請佛陀制定戒律的人，也是舍利弗尊者。他問佛陀，為什麼過去有些佛陀的教說可以久住世間，有些則不行。佛陀回答他，教說無法持久，是因為那些佛陀沒有廣說佛法，

或沒有為弟子制定學處⑤，也未說波羅提木叉(Pātimokkha)
⑥；而那些有做預防措施的佛陀教說，則可以久住世間。⑦
舍利弗接著便起身，頂禮世尊，並說：「現在就是世尊制定
學處與說波羅提木叉的時候了，這樣佛法的慧命才能長存。」
但佛陀回答：

> 舍利弗，隨它去吧！如來自知如此做的適當時機。除非僧
> 伽出現腐敗的徵兆，否則世尊不會為弟子制定學處，或說
> 波羅提木叉。(Vin. 3:9-10)

舍利弗考慮的重點是，教說應該儘可能長存；而佛陀的重點
則是，除非到了絕對必要的時候，否則他並不想制定學處。
他繼續解釋，在那時果位最低的僧團成員至少都是入流者
（也許舍利弗並不知道這個事實），因此無須制定比丘的生活
規範。

### 整頓僧伽

通常佛陀都是在緊急狀況出現時，才會指派兩位上首弟子特
別任務。有個狀況是，他派遣他們去挽回被提婆達多——佛
陀充滿野心的堂弟——誤導的一群年輕比丘。在提婆達多宣
布他會單獨指導僧伽行動，從而正式分裂僧團後，他和五百

名被他勸服而改從他的年輕比丘一起上靈鷲山。

佛陀指派舍利弗與目犍連去挽回他們。當提婆達多看見兩位長老來到時，他以為他們決定放棄佛陀成為他的黨羽。他熱烈歡迎他們，就好像他們當時已經成為他的上首弟子一樣。到了晚上，當提婆達多在休息時，兩位長老對比丘們開示，引導他們到達入流果，並勸他們回到世尊那裡 (Vin. 2:199-200)。

另一次舍利弗與目犍連一起整頓僧伽秩序的場合，是發生在一群由阿說示（Assaji，非前面提到的阿說示長老）與富那婆娑 (Punabbasu)⑧所帶領，住在枳吒山 (Kīṭāgiri) 的比丘眾的行為不檢。他們晚上和城裡的年輕女孩們唱歌跳舞，並以有損僧伽尊嚴的方式和在家眾廝混。雖然屢經告誡，但這些比丘依然故我，因此這兩位上首弟子便被派去對他們施行「驅出羯磨」(pabbājaniya-kamma)⑨，以懲罰他們不守戒律 (Vin. 2:12；182-83)。

## 樂於助人

比丘當中舍利弗以樂於助人聞名。在《天現經》(*Devadaha Sutta*, SN 22:2)中，佛陀自己這麼說他的上首弟子：「比丘們，舍利弗是他同儕比丘中的智者與樂於助人者。」解釋這

段文字的註釋，提到助人方式中的傳統差別：「舍利弗以兩種方式助人：物質的幫助與法的幫助。」

## 物質的幫助

在闡述他提供物質幫助的方式時，註釋中說長老並未像其他比丘一樣，在清晨出去托缽乞食，他等到所有人都離開後，便巡視寺院各處，只要看到未打掃的地方，他就清掃；有未清除的垃圾，他便清除；看到床、椅、陶器等傢俱未擺好，他便將它們擺整齊。他這麼做，是為了避免若有非佛教沙門來寺院拜訪時，會看到任何凌亂的跡象，而輕蔑比丘。

然後，他通常會去病房慰問患病的比丘，詢問他們有何需要。為了解決他們的需求，他會帶著年輕沙彌同往，並且去平時托缽處或一些適當的地方尋找藥物。取得藥物後，他會交給沙彌並說：「照顧病人是世尊所稱道的事，去吧，朋友，務必留意！」在派遣他們返回病房後，他自己才去托缽，或在施主家中進食。

這是他待在寺院時的例行作法，而當他和世尊一起外出行腳時，他不會走在隊伍前頭，一副腳穿涼鞋、手拿傘具，心裡想著「我是上首弟子」的樣子。反之，他會讓年輕沙彌拿著他的衣缽，與其他人走在前面，而自己則去照顧那些衰老、年幼與身體不適的人，將油塗抹在他們身體的傷口上。然

後，在當日稍晚或翌日，才跟他們一起離開。

有一次，舍利弗因為關懷別人，很晚才抵達住宿處，其他人都已經在休息。他因而沒有得到合適的住處，自己便坐在由袈裟搭成的帳篷下過夜。世尊看到這個情形，隔天便召集僧眾，並告訴他們《鷓鴣本生》(*Tittira Jātaka*, Jāt. 37)，那是個關於大象、猴子與鷓鴣的故事，牠們在決定誰最年長後，便一起對牠表達敬意。接著，佛陀便制定「住處必須依據戒臘安排」的規定(Vin. 2:160-61)。

## 物質與佛法的幫助

有時，舍利弗會同時給予物質與佛法的幫助。例如，當他去診療所探望患痲瘋病的三彌提具陀(Samitigutta)時，對他說：「朋友，只要五蘊持續，所有感受都是苦的。只有當五蘊不存在時，苦才會消失。」在教導他以受念處作為禪修的業處後，舍利弗便離開。三彌提具陀遵從長老的指導，發展內觀，並成為證得六神通的阿羅漢（Thag. 81與註釋）。

長老給大施主給孤獨(Anāthapiṇḍika)病榻旁的開示，保存在《預流相應》(*Sotāpatti Saṃyutta*, SN 55:26)中。那是在給孤獨頭痛欲裂時所作的開示，舍利弗安慰這位偉大的在家弟子，提醒他身為入流者，他已完全不再墮入惡道，並擁有四「預流支」：對佛、法、僧與聖戒具備不壞淨信。此外，他安住

在八聖道上，因此一定能達到覺悟與解脫的道果。給孤獨聽完開示，疼痛頓消，當下就康復了。為了表達感激，他把為自己準備的食物供養舍利弗。

不過，有一次，佛陀委婉地指責舍利弗未完全傳達他的教誨。當婆羅門陀然闍尼(Dhānañjāni)臨終時，舍利弗來探望他。長老深知婆羅門嚮往梵天界，便教導婆羅門四梵住——慈、悲、喜、捨——投生梵天界之道，但在結束開示時並未教導他修觀之道。

當舍利弗尊者結束探視回來時，世尊問他：「舍利弗！明明可以做得更多，你為什麼只引導陀然闍尼婆羅門憶念較低等的梵天界，然後就起身離開呢？」舍利弗回答：「因為我心想：『這些婆羅門都嚮往梵天界，難道我不應該為陀然闍尼婆羅門指出與大梵合一之道嗎？』」

「陀然闍尼婆羅門已經死了，舍利弗！」佛陀說，「他已經生在梵天界。」

出現在《陀然經》(Dhānañjāni Sutta, MN 97)[10]的這個故事很有趣，它說明佛陀不希望此人投生層次較低的梵天界，因為其實他有可能止息輪迴。但佛陀本人有時也僅指出投生梵天之道，例如在《三明經》(Tevijja Sutta)中所提到的。但在這個案例中，可能由於舍利弗缺乏佛陀獨特的他心通，因此不了解陀然闍尼適合更高的教法。結果陀然闍尼可能必須花很

長的時間待在梵天，並且還得再次轉生為人，才能達到最後的目標。

有一次闡陀（Channa，或譯車匿）長老痛苦地臥病在床，舍利弗尊者和大純陀(Mahācunda)一起去探望他。看見這個生病比丘痛苦的樣子，舍利弗立即想去尋找醫藥與適合他吃的食物。但闡陀告訴他們，他已決定要了結此生，他們勸他放棄這種想法，但沒有成功。在他們離開後，闡陀便「用刀」自我了結。之後佛陀解釋，在此事中闡陀並無過失，因為在臨終時，他已證得阿羅漢果，並般涅槃（parinibbāna，意譯入滅）。這個故事記載在《教闡陀經》（*Channovāda Sutta,* MN 144; SN 35:87)中。

## 佛法的幫助

當給孤獨臨終時，他邀請舍利弗尊者「出於慈悲」來看他。舍利弗由阿難陪同立刻前來，並且對這位瀕死者開示不執著的道理(MN 143)。他告訴這位在家弟子，他應該拋開對一切有為世間法的執著，包括對六根、六境、六識、六觸與六受，簡而言之，就是對所有看見、聽聞、感受與思想事物的執著。給孤獨被這個深奧的開示感動得落淚，他說以前從未聽聞過類似的說法。

在這次相遇後不久，給孤獨就去世並投生兜率天。有一晚，

當世人皆沈睡時，新天神給孤獨以他的妙色身去拜訪祇園精舍，並在世尊面前誦出稱讚上首弟子的偈頌：

舍利弗無疑，

真具戒定慧；

往昔最勝之

比丘差堪比。

隔天佛陀告知諸比丘所發生的事，但他並未提及訪客身分。之後，阿難對世尊說：「大師，那位年輕天神一定是給孤獨，因為給孤獨對舍利弗尊者有完全的信心。」佛陀證實阿難的推論正確無誤。

舍利弗尊者就是這樣給予佛法的幫助。身為一個偉大領袖與傑出心靈顧問，他對別人的指導，不只為他們帶來敏銳的心靈體悟，同時還有悲憫的胸懷，對於受他指導者而言，那必然帶給他們很大的鼓舞。他的管理兼顧比丘們身心的需求，他溫和地勸誡他們，並以他們應得的讚賞鼓勵他們，舍利弗兼具完美老師與朋友的特質。

事無大小，他都隨時準備好要幫助人。由於他自己具足淨戒，因此很快便能看出別人潛在的戒德，充分加以啟發，並在它展現時率先加以讚揚。他不是個冷酷無情的成就者，而

是充滿熱情並兼具人類最細膩與可愛特質的人。

## 謙虛、忍辱與感恩

《法句經註》（389-90頌）記錄了一件事，表現了上首弟子另一個傑出的特質，即他的忍辱與耐心。

### 原諒挑釁的婆羅門

在佛陀住處祇園精舍旁，一群人在讚歎舍利弗的高貴特質：「我們的長老深具耐心，」他們說，「甚至當人們侮辱他或打擊他時，他也絲毫不會憤怒。」

「這個永遠都不會憤怒的人是誰呢？」一個持有邪見的婆羅門問道。人們告訴告訴他：「是我們的舍利弗長老。」他反駁道：「那一定是因為沒有人觸怒過他。」

他們回答：「絕非如此，婆羅門。」「好吧！那麼就讓我來觸怒他。」「儘管去觸怒他吧！」「交給我，」婆羅門說，「我知道該怎麼對付他。」

當舍利弗尊者入城托缽時，婆羅門從後面接近他，並朝他背上重重地打了一下。「怎麼回事？」舍利弗說，甚至沒有回頭瞧一下，便繼續往前走。

這個婆羅門自責不已，他拜倒在長老腳下，乞求他原諒。

「為什麼?」長老溫和地問。「我打你是為了測試你的耐心。」這個後悔的婆羅門回答。「很好,我原諒你。」

「尊者,」婆羅門說,「如果你願意原諒我,就請到我家用餐。」長老答應後,婆羅門便拿起他的缽,引領他返家,並以食物供養他。

但是那些目睹這次攻擊事件者群情激憤,他們手持棍棒與石塊聚集在婆羅門家,準備殺了他。當舍利弗出現時,婆羅門在一旁拿著他的缽,圍觀的群眾叫道:「尊者,命令這個婆羅門轉過身來!」

「為什麼,各位信眾?」長老問。他們回答:「這個人攻擊你,我們準備好好地教訓他!」

「但你們這麼做是什麼意思?究竟他打的是你們或我呢?」

「是你,尊者!」

「很好,如果是我被他攻擊,而他已經請求我的原諒,你們走吧!」就這樣,他解散群眾並讓婆羅門回家,大長老則平靜地返回寺院。


### 接受沙彌的指正

舍利弗尊者的謙虛與忍辱一樣偉大,他願意接受來自任何人的糾正,不只是勉強屈從,而是帶著感激之心。

在《須尸摩經》(*Susīma Sutta,* SN 2:29)的註釋中提到,有一

次，長老由於一時疏忽，底袍的一角露了出來，一個年僅七歲的沙彌看到了就指給他看。舍利弗立刻走到一旁整理袈裟，然後恭敬地合掌，站在沙彌面前，說：「老師，現在正確了！」❶

這件事在《彌蘭陀王問經》中一個被歸為舍利弗所作的偈頌有提到：

> 今日七歲童指正，
> 我俯首恭敬領受；
> 秉持誠心與敬意，
> 我願常尊他為師。 (Mil. 397)

## 禮敬阿說示尊者

因此，難怪他終其一生都始終對佛法啟蒙恩師阿說示尊者表達敬意。在《船經》（Nāvā Sutta, Suttanipāta）與《法句經》（Dhammapada v.392）的註釋中都說到，每次舍利弗與阿說示尊者住在同一所寺院時，在禮敬佛陀之後，他總會去禮敬這位大長老，思惟：「這位尊者是我的第一個老師，透過他我才能認識佛陀的教說。」當阿說示長老住在其他寺院時，舍利弗通常會面對他居住的方向，以五體投地的方式禮拜他，並合掌致敬。

但這也導致誤會，因為當其他比丘看見舍利弗那麼做時，他們說：「成為上首弟子之後，舍利弗仍然禮敬四方！即使到了今天，他還是無法放棄他的婆羅門見解！」當這些抱怨傳到世尊耳中時，他說：「比丘們，事實並非如此。舍利弗並不是禮敬四方，而是在禮拜他的佛法啟蒙者，並尊他為師；舍利弗是個尊師重道的人。」然後，佛陀對比丘們講解《船經》❷，開頭便說：

> 正如諸天禮帝釋，
>
> 應禮法之啟蒙者。

## 為羅陀比丘剃度

另一個舍利弗的感恩事例，出現在羅陀(Rādha)長老的故事中。《法句經》(v. 76)的註釋提到，羅陀是個貧窮的婆羅門，住在舍衛國的祇園精舍。他在寺裡幫忙，做些除草、打掃等零工，比丘們則提供他食物。不過，當他要求出家時，比丘們並不希望為他剃度。

有一天，當世尊以神通力觀照世間時，看見這個婆羅門已具備證得阿羅漢果的條件。他詢問比丘大眾關於他的事，並問是否有人記得曾受過他的幫助。舍利弗說，他記得有次當他要去王舍城托缽時，這個可憐的婆羅門將他自己乞得的一整

杓食物拿給他。世尊請舍利弗為此人剃度，他依言而行，而為其命名「羅陀」。舍利弗時常建議他什麼該做或不該做，羅陀總是愉悅地接受他的告誡，絲毫不以為忤，不久之後便證得阿羅漢果。

比丘們因此讚歎舍利弗的感恩之心，並說願意接受勸諫的人，也會得到同樣會如此做的弟子。佛陀在評論這件事時說，不只那時，舍利弗在前世就已顯露感恩之心，他記得別人對他做的任何善行。在這個因緣下，世尊說出《無私心本生》(Alīnacitta Jātaka, Jāt. 156)，舍利弗在其中是隻感恩的大象，他為了幫助一群曾在牠受傷時照顧牠的木工，犧牲自己的性命。

## 大作獅子吼度誣陷者

舍利弗尊者的謙虛與忍辱力，有一次竟導致他成為誣告事件的受害者。❸當時他正住在祇園精舍，雨安居結束後，長老向世尊告假，和他自己的隨行比丘外出遊方。許多比丘也來向舍利弗告假，在過程中他會呼喚他們的姓名。其中有個比丘的姓名他並不知道，但這個比丘又很希望上首弟子能在道別時叫出他的名字。然而，舍利弗並未如此做，該位比丘內心非常不平，「他並未像對待其他比丘一樣招呼我」，並因而對舍利弗心生怨恨。

在此同時，長老的衣角恰巧碰到了他，這更增添他的不滿。他去找佛陀並抱怨：「佛陀！舍利弗尊者一定自認為他是上首弟子而打我，幾乎損害我的耳朵，然後他一句道歉也沒說就走了。」佛陀於是傳喚舍利弗。此時，大目犍連與阿難，知道誹謗將被揭穿，便集合比丘大眾。「快來啊，法師們！」他們大聲說道，「當舍利弗尊者面對佛陀之時，將會發出獅子吼。」

當他們見面時，佛陀質問大長老，他非但不否認指控，並說：「世尊！一個人如果不能堅固地就身觀身而住時，就很可能會傷害同儕比丘，且不道歉就離開。」

接著舍利弗大作獅子吼。他將自己的無瞋，比作是能忍持一切淨與不淨事物的大地；他平靜的心，就有如斷角的公牛、卑微的棄兒，又如水、如火、如風、如除垢；他將自己所感受色身的苦惱，比作是蛇與屍體的苦惱，而維持色身就如保養脂肪瘤一般。他以九種比喻來描述自己的戒行，而大地也以九次震動回應他的真實語，與會大眾都被他話語的莊嚴力量所感動。

長老宣說他的戒行時，誣陷他的比丘後悔不已。他立即匍匐在世尊腳下，坦承他的誹謗並懺悔罪過。因此，佛陀說：「舍利弗！原諒這個無知的人，否則他的頭會裂成七塊。」舍利弗回答：「尊貴的佛陀！我完全原諒這個可敬的比丘。」

他並合掌補充說：「如果我有任何冒犯他的地方，也願他原諒我。」他們就這樣達成和解。

其他比丘欽佩不已，說：「瞧，朋友，長老的殊勝善行！他對這個說謊毀謗的比丘毫無瞋恨之心，反而對他卑躬屈膝，雙手合十，請求他的原諒。」

佛陀的評論是：「比丘們！像舍利弗這樣的人不可能懷有瞋恨。舍利弗的心就如大地；就如門柱般安穩；就像一池靜水。」接著，他便誦出以下偈頌：

> 無瞋如地穩如柱，
> 誓願平衡且強固，
> 心無垢如靜水池；
> 此人永斷輪迴苦。　(Dhp. 95)

### 自作自受的毀謗者

不過，另一件事就沒有如此圓滿的結局，因為毀謗者拒絕承認他的過錯。一個名為拘迦利(Kokālika)的比丘，向佛陀毀謗兩名上首弟子：「世尊！舍利弗與目犍連心存惡念，」他說，「他們野心勃勃。」

世尊回答：「別這麼說，拘迦利，別這麼說！要善解並相信舍利弗與目犍連，他們的行為是正直與清淨的！」但誤入歧

途的拘迦利卻聽不進佛陀的話。他堅持錯誤的指控，不久之後他全身長滿膿瘡，不停地潰爛，最後竟死於這個怪病，並轉生地獄。

這個故事廣為人知，它被記錄在以下的經藏中：《相應部》(SN 6:10)；《經集》(*Suttanipāta*)；《大品》(*Mahāvagga* 10)；《增支部》(AN 10:89)；《蔓樹本生》(*Takkāriya Jātaka*, Jāt. 481)。

這兩件事的對照揭示了懺悔的重要。其實舍利弗與目犍連並不在乎拘迦利迦比丘的誣陷或道歉，他對他們的作為並不會影響這兩名上首弟子的態度，他們只會盡量利益這位犯錯的比丘，避免他遭受惡業果報。邪惡會反彈到那些加害者的身上，因此拘迦利是受到自己的審判與懲罰，他是自作自受。

## 與法友情誼深厚

像感恩、仁慈、助人與忍辱這樣的人格特質，為舍利弗尊者的出家生涯贏得許多深刻的友誼。他和幼時的好友兼同伴目犍連，一直都維持密切的夥伴關係，直到佛陀晚年時，死亡拆散他們為止。

## 與阿難互相敬重

但舍利弗的友誼絕非排他的，根據《大牛角經》(*Mahāgosinga Sutta*)的註釋，舍利弗與長老阿難之間也有深厚的情誼。在舍利弗這方面是因為他認為：「他負責照顧世尊，而這也是我應盡的義務。」而阿難敬重他，則是因為世尊宣佈他為上首弟子。當阿難為年輕弟子授沙彌戒時，總是會帶著他們去舍利弗尊者那裡受比丘戒，而舍利弗也如此對待阿難，因此他們有五百位共同弟子。

每次阿難收到上等的袈裟或其他資具時，就會轉獻給舍利弗，同樣地，舍利弗也會將他的特別供養轉送阿難。有一次，阿難從某個婆羅門處收到一件非常珍貴的袈裟，在世尊的許可下，他保存了十天，要等待舍利弗回來再供養他。此經的義疏說，後世的論師曾對此評論道：

> 可能會有人說：「我們可以了解，當時尚未證得阿羅漢果的阿難還會有這種情感。不過，舍利弗則不然，他不是一個漏盡的阿羅漢嗎？」我們的回答是：「舍利弗的情感並非世俗的執著，而是敬愛阿難的戒行。」

有次佛陀問阿難：「你也贊同舍利弗嗎？」阿難回答：

世尊！有誰不贊同舍利弗呢？除非他是幼稚、墮落、愚蠢或心智異常的人！舍利弗是個智者，擁有大智慧，他的智慧寬廣、光明、敏銳、敏捷與通達。舍利弗少欲知足，樂於獨處，不愛憒鬧，精進，辯才無礙，願意傾聽，是個責惡勸善者。(SN 2:29)

在《長老偈》(*Theragāthā* 1034 f.)中，我們發現阿難在哀悼舍利弗入滅時說：「對我來說，尊友（舍利弗）已逝，世間都沒入黑暗之中。」他又說，在同伴離他而去，世尊也入滅了之後，不再有其他朋友能像正念引導身體一樣地指引他了。阿難得知舍利弗入滅消息時的哀傷，也生動地記錄在《純陀經》(*Cunda Sutta*)中。❹

### 助阿那律證得阿羅漢果

舍利弗是個名副其實的真實朋友，他了解如何做對別人最有利，像佛陀所描述的理想朋友一樣，直言不諱地指出朋友的過錯，毫不遲疑。就是透過這種誠實的批評，他幫助阿那律(Anuruddha)尊者突破最後關卡，證得阿羅漢果，如《增支部》(AN 3:128)的記載：

有一次阿那律去看舍利弗，相互寒暄之後，他便坐下來對

舍利弗說：「舍利弗吾友，我以超越世人眼界的清淨天眼，可以看見大千世界。我精進不懈，正念、正知且無疑惑；我的身體平靜無憂擾，我的心專注於一處。然而，我的心卻仍未從煩惱與貪著中解脫。」

「阿那律吾友，」舍利弗說，「當你想到你的天眼時，慢心就生起了；當你想到自己堅定的精進、正念、無憂擾的色身與專注一處的心時，掉舉就產生了；當你想到你的心不能從煩惱解脫時，這就是惡作。❺這將會對你有所助益，如果你能捨棄這三種心境，不再注意它們，就能將心引導到『不死界』。」

阿那律遵從舍利弗的建議，很快便斷除煩惱。

## 鼓勵同伴表達想法

舍利弗一定是善於激勵人的夥伴，因此許多人常常前去找他。他獨具一格的親切特質與談話，可以從《牛角林大經》(*Mahāgosiṇga Sutta*, MN 32)描述的事件中清楚地知道。

有一晚，大目犍連、大迦葉、阿那律、離婆多 (Revata) 與阿難去舍利弗那裡聞法。舍利弗歡迎他們，說：「這個牛角娑羅樹林如此清新可人，圓月當空，娑羅樹花茂盛，天香馥郁流布四周。阿難！你們認為哪種比丘能為這座牛角娑羅林增

添光彩？」

同樣的問題也對其他人提出，每個人都根據個人性情回答。
最後，舍利弗說出他自己的看法：

> 有位能控制自己的心，不受制於心比丘，早上只要他想住
> 於任何心境或定境，當下就能安住於該境界；中午只要他
> 想住於任何心境或定境，當下就能安住於該境界；晚上只
> 要他想住於任何心境或定境，他當下就能安住於該境界。
> 就有如國王或大臣的衣櫃裝滿了各種顏色的服裝，無論在
> 早上、中午或晚上，他都能再任何時間隨意地穿衣。同樣
> 地，能控制自己的心，不受制於心的比丘，無論在早上、
> 中午或晚上，他想住於何種心境或定境，他都可以隨意地
> 安住其中。目犍連吾友，像這種比丘才能增添牛角娑羅林
> 的光彩。

他們接著去找佛陀，報告他們討論的過程。世尊讚許他們的
答案，並提出他自己的看法。

我們由此插曲可以看出，雖然舍利弗擁有強大的智慧與僧團
地位，但他並不盛氣凌人，不會把自己的看法強加在別人身
上。他相當了解如何以自然的方式，鼓勵同伴表達自己的想
法，藉由動人的場景喚起沈思的氣氛。他以自己敏銳的本

質，回應自然美景，並引領朋友們做出類似的回應。

## 勤於會見有德比丘

在舍利弗與其他比丘之間，有許多這樣的對話紀錄，對象不只是目犍連、阿難以及阿那律，同時，還有大俱絺羅(Mahākoṭṭhita)、優婆摩那(Upavāṇa)、三彌提(Samiddhi)、沙威撒(Savittha)、浮彌(Bhūmija)與更多人。

舍利弗也勤於會見有德的比丘，特別是那些受到世尊讚歎的人。其中之一是富樓那(Puṇṇa Mantāniputta)長老，在佛陀公開讚許他之前，他們不曾見過面。當舍利弗得知富樓那來訪時，就趕去會見他。

舍利弗並未透露自己的身分，和他深入討論淨化的次第，以及它們與涅槃的關係。他的問題引出富樓那一篇偉大的議論，即《傳車經》(*Rathavinīta Sutta*, MN 24)，它描述佛道的各個階段，後來被覺音論師(Ācariya Buddhaghosa)拿來作為他那本巨著《清淨道論》(*Visuddhimagga*)的主要架構。⑪

佛陀本人似乎也很喜歡和舍利弗談話，因為他經常這麼做，他的許多開示便是針對他的「佛法大將」而說。有一次舍利弗去找佛陀，並覆述世尊在另一個場合對阿難說的話：「善知識、善伴黨與善隨從者，即是梵行的全部。」(SN 45:2)再也沒有比上首弟子本身更好的例證。

## 舍利弗與家人

就如前述，舍利弗是出生在王舍城附近優波提舍村的一個婆羅門家族。他的父親是瓦干達(Vaganta)，母親是舍利。經中並未提到他和父親的關係，因此我們假設舍利弗的父親在他年輕時就去世了。

### 兄弟、姊妹皆出家

他有三個兄弟：純陀(Cunda)、優波先那(Upasena)與離婆多(Revata)，以及三個姊妹，分別名為遮羅(Cālā)、優波遮羅(Upacālā)與尸須波遮羅(SIsūpacālā)。他們六個人全都在佛陀的僧團出家，並證得阿羅漢果。

純陀以「純陀沙彌」之名為人熟知，即使在成為比丘之後依然如此，這是為了和大純陀(Mahācunda)長老區別之故。在舍利弗入滅時，純陀是他的侍者，他帶著舍利弗的遺骨，去向佛陀通知舍利弗入滅的消息。這故事記載在《純陀經》中，後面還會談到。

優波舍那是以「瓦干達弗」(Vagantaputta)之名為人熟知，「瓦干達弗」即為「瓦干達之子」的意思，就如同「舍利弗」即是指「舍利之子」的意思一樣。佛陀說他是「普端嚴」(samantapāsādika)者⑫之首。據《六處相應》(*Saḷāyatana*

*Saṃyutta,* SN 35:69）所說，牠是被蛇咬死的。

離婆多是舍利弗最年幼的弟弟，他們的母親企圖阻止他出家，因此在他很年輕時就讓他結婚。但在婚禮當天，他看見未婚妻高齡一百二十歲的祖母，被她衰老的模樣嚇到，當下對世俗生活感到厭惡，藉故逃離進行中的婚禮，跑到寺院去出家。

幾年後，他動身去見當時住在堅木林中佛陀，他在那裡度過雨季並證得阿羅漢果。之後，他便以「堅木林的離婆多」(Revata khadIravaniya)，佛陀讚歎他是最傑出的「林中住」者。

遮羅、優波遮羅與尸須波遮羅三姊妹，希望效法她們的兄弟，在結婚之後便陸續出家。她們婚後各生有一個兒子，皆依母親命名，稱為遮羅或遮利（Cālā或Cālī）等。這三個兒子後來也都出家，被「堅木林的離婆多」收為沙彌，舍利弗對他們良好的行為讚歎有加（在《長老偈》Thag. 42的註釋中）。據說，遮羅、優波遮羅與尸須波遮羅出家時，曾被魔羅(Mārā)找上，他試圖嘲笑與誘惑她們。她們精彩的回答記錄在《長老尼偈》與《比丘尼相應》中。

### 固執的婆羅門母親

有趣的對比是，舍利弗的母親是個固執的婆羅門，長期以來一直對佛陀與他的信眾都懷有敵意。

在《法句經》(*Dhammapada* v. 400)的註釋中提到，有次舍利弗尊者與一大群隨行比丘來到故鄉那羅卡村，沿路托缽到他母親的住所前。他的母親請他坐下，並以食物招待他，但她一邊這麼做，一邊又出言侮辱：「啊，你這個專吃別人剩飯的傢伙！」她說，「當你討不到殘羹剩飯時，你就挨家挨戶地去舔陌生人飯勺背後的殘渣！你竟為了這個而放棄八億的財富去當比丘！你已經毀了我！現在繼續吃你的吧！」

同樣地，當她在施食給其他比丘時，她說：「啊！原來就是你們這些人在支使我兒子！現在吃吧！」

她就這樣一直辱罵他們，但是舍利弗一句話也沒說。他拿起食物來吃，然後默默地返回寺院。佛陀從當時也在場受辱的羅睺羅尊者那裡得知這件事，所有聽聞此事的比丘，都十分驚歎長老的大忍辱力，佛陀在大眾中公開讚揚他，說出如下偈頌：

凡具信無瞋，凡持戒離欲，
凡克制自我，不受後有者──
我稱彼梵志。　(Dhp. 400)

舍利弗一直到臨終前，才改變他母親的信仰，這個故事後面會說到。但上述故事再次提醒我們大長老最令人讚歎的特質

——他的謙虛、忍辱與寬容。

# 禪修的成就

當菩薩（佛陀）出家去尋求覺悟之道時，他曾向當時兩位著名的禪師學習，透過他們的指導，達到兩個最高的無色界定——無所有處定與非想非非想處定（見MN 26）[⑬]。

### 精通九次第定

從舍利弗的發問可知，似乎他的性向引導他走向另一條路，不是沈浸於無意識的領域，而是超越哲學思辨的層次。他初次見法，也如我們所見，不是透過禪定之道，而是透過對諸法緣起的直觀，契入無生的無為法界。而舍利弗成為佛陀弟子時，也很快地便精通四禪八定，並以他的禪定經驗為通達究竟覺悟的工具。

舍利弗從入流果趨入阿羅漢果的過程，佛陀在《不斷經》(*Anupada Sutta,* MN 111)中有談到。在這段開示中，世尊說在趨入最後目標的兩週間，舍利弗修習「各別法觀」(anupadad-hamma-vipassanā)，他已精通九次第定：色界四禪、四無色界定與滅受想定。

除了最後兩個之外（它們太微細，無法自行推度），他在每個

禪定中都會分析它的成份，反覆釐清這些禪支，然後思惟它們如何生、住、滅，安住在「不貪著、不排斥、寂然、離執、解、脫、無礙心」⑭之中，他持續向上開發禪定，直到達到滅受想定為止。

## 證得阿羅漢果

如前述，舍利弗實際證得阿羅漢果的關鍵，是發生在世尊正在為他的侄兒長爪行者開示時，當時他站在佛陀背後搖扇。佛陀談話的主題是思惟各種感受。佛陀一開始先解釋身體的本質，教導長爪思惟對於身體的欲、愛與關心終究會被捨棄，然後他解釋受的思惟：一切感受應該被視為無常、受條件制約與緣起的，是會瓦解、消逝、止息與滅盡的。

當舍利弗聽到佛陀這些話時，深入思惟：「世尊說透過現觀放下這些事物，他說透過現觀了結這些事物。」當他如此思惟時，究竟現觀頓時生起，他的心也因離執而解脫煩惱。

在《長老偈》中他的偈頌裡，舍利弗回想他證得阿羅漢果的方式：

世尊佛陀明行足，
正教導他人佛法。
當佛法被傳授時，

我傾聽趨入正果，

聞聲於我非徒勞，

我因此斷諸結使。　(Thag. 995-96)

雖然舍利弗在全體佛陀弟子當中是理解法義第一，但他並不像其他比丘一樣努力爭取屬於阿羅漢的神通智、力。因此在《長老偈》接下來的偈頌中(Thag. 996-97)，他說他無意追求五神通，那是他的好友大目犍連的專長。然而這些偈頌的註釋說，雖然舍利弗並未積極獲得神通，但它們在他證得阿羅漢果時，自然「手到擒來」，那是上首弟子本具的能力。

### 擁有「定遍滿神變」

《無礙解道》(*Paṭisambhidāmagga*)的〈神通類論〉中(2:212)也讚揚舍利弗具有「定遍滿神變」(samādhivipphāra-iddhi)，它能影響某些平常的生理過程或其他自然現象。這個說法的藏經基礎是《自說經》(Udāna 4:4)。

有一次，當舍利弗以及目犍連一同住在迦布德迦精舍(Kapotakaṇḍarā之)時，在一個滿月的夜晚，剛剃過頭的舍利弗，坐在曠野中禪修。一個夜叉飛他的頭頂，惡意地在長老頭上狠狠地打了一下，但由於長老正進入深定中，所以並未感到痛苦。目犍連長老目睹這件事的經過，便去找舍利弗，

並問他：

「朋友，你現在覺得舒服嗎？你還好嗎？有沒有覺得哪裡不舒服呢？」

「我很好，目犍連吾友，」舍利弗說，「我還好，只是有一點頭痛。」

於是大目犍連尊者說：「太奇妙了，舍利弗吾友，真是不可思議，舍利弗吾友！舍利弗尊者的神通力太偉大了！剛才，舍利弗吾友，有個夜叉在你頭上猛力地打了一下。那個重擊的力量足以打倒一隻大象，或劈開一個山峰。但舍利弗尊者只是淡淡地說：『我很好，目犍連吾友，也還不錯，只是有點頭痛。』」

然後，舍利弗尊者回答：「太奇妙了，目犍連吾友，真是不可思議，目犍連吾友！目犍連尊者的神通力量太偉大了！他可以看見所有的夜叉！至於我則連什麼泥怪也看不到。」

在此同時，世尊以天耳聽聞兩位長老之間的對話，他接著便以「慰勉之語」讚歎舍利弗：

　　心不動如岩，

　　不因貪執著，

　　不為瞋而怒，

　　痛苦如何能

臨此清淨心？

在舍利弗安住於究竟目標後，禪修成為舍利弗覺悟的自然體現，而非達到更高成就的方式。在《舍利弗相應》中，阿難尊者數度請教舍利弗他如何過日子，舍利弗回答，他一整天都住在各種階段的禪定中。他又說，在每一階段的禪定中，他都完全是無我的：「我沒有『我正在入定，我已經入定，我正在出定』之類的想法。」(SN 28:1-9)

## 住於阿羅漢果定

還有一次，舍利弗對阿難描述他如何進入微妙的禪定，在其中他對於任何熟悉的認知對象都沒有概念。對於地界，他沒有「地」的概念，對於其他三界（水、火、風）、四無色定，以及包含在這個世間，或世間之外的其他一切事物也是如此。但他說並非完全毫無概念，他唯一的概念是：「涅槃是『有』的滅盡。」(AN 10:7)

這個不可思議的成就，似乎與舍利弗經常修習的「空住」(suññatāvihāra)一致。我們在《乞食清淨經》(Piṇḍapāta-pārisuddhi Sutta, MN 151)中看到，佛陀有次注意到舍利弗的相貌平和光彩，便問他如何得到這種光彩，❻舍利弗回答他，那是因為經常修習「空住」。因此佛陀宣稱，這是聖者的

住處，並進一步詳細敘述它。

註釋認為這個「空住」就等同「阿羅漢果定」(arahattaphala-samāpatti)⑮，藉由專注於涅槃的空性(suññatā)而入定。當舍利弗進入這個禪定時，即使最高天界的天神也會降臨人間來禮敬他，就如大迦葉尊者在下述偈頌中的證詞：

> 強力顯赫諸天神，
>
> 如此上萬梵天眾，
>
> 合掌恭敬禮敬彼
>
> 睿智法將舍利弗，
>
> 安住禪定大禪師：
>
> 「敬禮彼，最優秀者，
>
> 敬禮彼，無上尊者。
>
> 汝之禪定深莫明，
>
> 吾等咸歎未能知。」 (Thag.1082-84)

## 具足四無礙解智

與舍利弗精湛禪定相輝映的，是他由觀禪中焠鍊出來透徹而精確的分析能力，兩者善巧地取得平衡。在佛陀的比丘弟子當中，舍利弗是「大智慧第一」，他在智慧運作上，僅次於佛陀本人。舍利弗的智慧主要是表現在四無礙解智上，那是他

在出家後兩週內獲得的：

> 朋友！在我出家後半個月內，我鉅細靡遺地領悟到義無礙
> 解智、法無礙解智、詞無礙解智與辯無礙解智。我以許多
> 方式來敘述，教導與宣揚它們，建立、揭示它們，解釋並
> 澄清它們。如果有人有任何疑惑，他們來問我，我都會詳
> 加解釋。在場的世尊，對我們的成就瞭如指掌。(AN
> 4:173)

第一個義無礙解智，是對教法的意義生起特殊的洞見，了知
它們的內涵與脈絡，以及從事物的由「因」而推到「果」。第
二個法無礙解智，是針對教法本身的洞見，了知它們在整個
佛法架構裡的關連，以及從事物的「果」溯及「因」。第三個
詞無礙解智，是對教法的語言、文法與詞形變化理解上的技
巧。第四個辯無礙解智，是率前三種智去闡釋教法，以喚醒
他人覺悟的能力。

舍利弗不只在個人理解上勝出，他在教導與解釋「法」上也
不遜色。因為他在各方面都如此傑出，因此在《不斷經》的
結尾(MN 111)，佛陀宣布舍利弗是他的真嗣子，並且是他在
「轉法輪」工作上的大助手：

如果要說有人已通達並圓滿聖戒、聖定、聖慧與聖解脫，此人非舍利弗莫屬。

如果要說有人是世尊的真嗣子，從他的教誨出生，從法出生，由法形成，是法的嗣子，而非世俗利益的嗣子，此人非舍利弗莫屬。

在我之後，比丘們，舍利弗正確地轉動無上法輪，就如我所轉動的一樣。


### 原註

❶ 這個故事在《長老偈》的註釋中有個略微不同的版本，它闡釋舍利弗的偈頌。

❷ Snp. vv. 316ff.（另外請參見《法經》(Dhamma Sutta)）。

❸ 此事記錄於AN 9:11與 Dhp. Comy.（v. 95）。參見向智長老翻譯，《增支部選集》第三部，第十節。（Anguttara Nikāya: An Anthology, part 3, sec. 10, BPS, Wheel No. 238/240）

❹ 參見以下的《純陀經》一節。

❺ 慢與掉舉是在阿羅漢果才被斷除的五上分結之二，而惡作則是在阿那含（不來）果時就已斷除。

❻ 本經的註釋解釋，雖然佛陀自己明明知道，但他們為了指導與教化他人而提問。


### 譯註

① 《五分律》卷十六云：「此二人者，當於我弟子中為最上首，智慧無量、神定第一。」（《大正藏》卷二二，頁110 b）

② 心法與色法：心法指心理現象，色法則指物理現象，兩者即指五蘊。五蘊中的色蘊屬於色法，受、想、行、識四蘊則屬於心法。

③ 業處：是指「作業之處」或「工作之處」，是禪修者成就止觀的基礎，或修習止觀的對象。《清淨道論》第三品有舉四十業處：（一）十遍處；（二）十不淨；（三）十

隨念；（四）四梵住；（五）四無色；（六）食厭想；（七）四界差別。

④ 即「現法樂住」，安住於現前的法樂。

⑤ 學處：舊譯作「制戒」、「結戒」。因出家弟子有了非法的行為，佛陀因此制立學處，向大眾公佈，以後不得有所違犯。

⑥ 波羅提木叉（Pātimokkha）：有兩種意義，一是指「戒法」，是諸善法的初基，能成就一切定、慧功德。二是「別別解脫」，受持各別的學處，能解脫各別的煩惱與苦果。「說波羅提木叉」（布薩）即是半月半月誦出一條條的學處，分別解說。此儀軌即是為從僧伽的和合清淨中，達成「正法久住」的理想。

⑦ 分別說部與大眾部的廣律，說到過去的六佛中，毘婆尸、尸棄、毘舍浮三佛，不為弟子制立學處，也不制立說波羅提木叉，所以佛法不能久住。而拘留孫、拘那含牟尼、迦葉三佛，則為弟子制立學處，也制立說波羅提木叉，所以正法久住。

⑧ 富那婆娑（Punabbasu）：意譯「滿宿」，六群比丘之一。

⑨ 驅出羯磨（pabbājaniya-kamma）：「驅出」是對犯戒比丘（尼）、沙彌（尼）等出家眾處罰的方法之一，即將他放逐出僧團。驅出時有一定的羯磨作法，稱之為「驅出羯磨」。

⑩ 漢譯本見《中阿含‧梵志陀然經》。

⑪ 《清淨道論》以《傳車經》所說的比丘修道階程——七清淨為主要內容，而展開實踐論。「七清淨」即是：（一）戒清淨；（二）心清淨；（三）見清淨；（四）度疑清淨；（五）道非道智見清淨；（六）行道智見清淨；（七）智見清淨。《清淨道論》於七清淨順序地說明戒（第一項）、定（第二項）、慧（第三項以下）三學，全書分為二十三品。

⑫ 普端嚴（samantapāsādika）：《增支部》中提及成就八法之比丘為「普端嚴，一切相圓滿」。其八法為：有信；有戒；多聞；說法；以眾為境界；無畏而於眾中說法；隨樂欲得四靜慮增上心之現法樂住，得而無艱難，得而無梗澀；依諸漏盡而無漏心解脫、慧解脫，於現在自證知、現證，具足而住。

⑬ 兩位著名的禪師即是阿羅邏迦蘭與鬱陀羅摩子，他們是當時印度數論派的先驅，教示以苦行或修定為主，最終以生天為目的。佛陀依阿羅邏迦蘭的指導，達到無所有處定；依鬱陀羅摩子的指導，達到非想非非想處定。

⑭ 《雜阿含經》譯為「不染、不著、專精勝進、身心止息、心安極、住不忘、常定一心」（《大正藏》卷二，頁53c），或「不亂、不散、攝受、寂止、三昧、一心」（頁204a）。

⑮ 阿羅漢果定（arahattaphala-samāpatti）：果定是聖弟子才能證入的出世間定，其所緣是涅槃。證入果定的目的是當下得以體驗涅槃之樂。在這些定中，生起的是與聖弟子證悟階段相等的果心，如阿羅漢能證入阿羅漢果定。

第三章

# 轉法輪者

舍利弗尊者的開示與被認為是他所作的書，形成一個內容廣
大的教導體系，其解說的範圍與種類都足以媲美世尊。舍利
弗對如何清楚地組織與呈現「法」的豐富內容有獨到的見
解，他的方式不只是增長智慧，同時也包括發願精進修行。
在上座部傳統中，他不只被視為許多首要經典的開示者，同
時也被視為三部重要註釋的原始註釋者，以及最後編纂阿毗
達磨的負責人。我們底下將逐一探討。

## 開示經典

我們找到幾個舍利弗尊者說法技巧的例子，首先，是《中部》
的兩部著名經典——《大象跡喻經》(*Mahāhatthipadopama Sutta,*
MN 28)與《正見經》(*Sammādiṭṭhi Sutta,* MN 9)。

### 《大象跡喻經》——方法論的傑作
《大象跡喻經》❶是方法論的傑作，舍利弗開頭便說，就如大

象的足跡能涵蓋其他所有動物的足跡一般，四聖諦能含攝一切善法。然後，他便從四聖諦中舉出苦諦來詳細分析，以五蘊或身、心二法作結。

接著他列舉五蘊——色、受、想、行、識，然後舉出色蘊來進一步檢視。他將色蘊分成四界，與由四界所造的色法。他逐一解釋它們可於內、外在兩方面找到，「內」是指我們的身體，「外」則指外在世界。①他列舉屬於內在之界的身體各部與功能，並說明內、外兩種界既不屬於「我」，也不構成「我」。了解之後，人們對於它們便不會再感到疑惑，並克服對於身體的執著。

舍利弗接著進一步解釋外在堅固之界的無常：它們都一定會在自然的巨變中毀壞，當人們了解這點時，就永遠不會再認為這由渴愛所產生的渺小肉體，是「我」或「我的」。

當一位能如此了解四界的比丘，受到別人毀謗、責罵或攻擊時，他會清醒地分析情況，並保持冷靜。他認知到痛苦的感覺來自於耳根的接觸，它本身不過是一種因緣和合的現象而已；並且他知道這毀謗經驗的所有元素——觸、受、想、行與識——都是無常的。

在此，我們看到舍利弗以有系統的方式，介紹屬於心法的其他四蘊，禪修者可由此將整個經驗解析成無常與無我的五蘊。他繼續說：

然後他的心，就只以四界作為對象，而變得歡喜、愉悅、堅定與熱忱；即使他被毆打或受傷時，他都會想：「這個色身本來就有容易受傷的特質。」

此後，他將憶起世尊的《鋸喻經》（*Kakacūpama Sutta*, MN 21），並決心遵循佛陀忍辱的教誡，承擔一切傷害，甚至不惜犧牲生命。

但長老接著說，如果該比丘是憶念佛、法、僧，卻無法保持平等心，他就會被急迫感干擾，並會因在憶念三寶，卻無法保持平靜，而感到羞愧。不過，如果他持續忍耐，便會體驗到很強的喜悅。「儘管只到這種程度，這比丘已有了相當的成就。」他說。

舍利弗以同樣的方法分析了其他三界。然後將身體及其組成部分，和由磚塊、木材、卵石等建成的房子做比較，說明離開了它的組合成分，它便無法獨立存在。

然後，在該經的結尾，他導入六識是由六根之緣所生的重點。五根、五境是五識生起的基本條件，這些都是由四界衍生而來的色法。他就這樣藉由引入所造色，完成色蘊的分析。每個由根與境引生的識，都伴隨著受、想與各種的行，因此五蘊是相互牽連的。

長老說，五蘊相互依賴而生，他由此引出「緣起」（paṭiccasamuppāda)的教法。然後他引用世尊的話:「見緣起者,彼即見法;又見法者,彼即見緣起。」對於五蘊的貪欲、渴愛與執著都是「苦因」(集諦),去除貪欲、渴愛與執著便是「苦滅」(滅諦)。

對於能了解這點的比丘,他說:「儘管只到這種程度,這比丘已有了相當的成就。」他的解說就以四聖諦圓滿結束。這個開示就如一曲精心架構的美妙樂章,在莊嚴宏偉的音符中結束。

## 《正見經》——深入解釋四聖諦

舍利弗的第二個說法模式是《正見經》❷。此經是教學的經典之作,它也提供了進一步闡述的架構,就如同對本經所作的廣泛註釋所呈現的一般。註釋說:「在結集佛語的五部尼柯耶中,沒有一部像《正見經》一樣,對四聖諦與阿羅漢果分別提到了三十二次。」

在此經中,舍利弗對緣起作了原始解釋,雖然有些許不同,但卻深具啟發性。包括善業與不善業、四種資糧,以及緣起各支,都被拿來解釋四聖諦。此外,也有直接針對四聖諦各支加以解釋者。因此,四聖諦的範圍被大幅提高、擴大與加深。在佛教徒的世界中,從古至今,此經都被廣泛拿來作為教學之用。

## 《等心經》──指引天神努力的方向

舍利弗另一篇受到高度重視的經典是《等心經》(*Samacitta Sutta, AN* 2:35)，聞法者是「等心天」。它的主題是關於入流、一來與不來等前三聖果等待剩餘轉世的弟子，而它的目的則是澄清他們的轉世是發生在欲界、色界或無色界。

雖然此經非常簡短，但它對於根據傳統前來聆聽的天神大眾，則具有非凡的影響力。據說與會的許多天神都因此達到阿羅漢果，而達到入流果者則不計其數。

事實上，此經是少數對於天界眾生有非常深遠影響的經典之一；雖然它的內容簡短，而且如果沒有註疏的解釋，它會是相當神秘的經典，但許多世紀以來，它一直受到尊敬與研究。摩哂陀(Mahinda)阿羅漢在剛抵達錫蘭的那晚，說的正是這部經，而錫蘭著名的編年史──《大史》(*Mahāvaṃsa,* 14:34ff)，也提到在那個場合，許多天神來聽法，並得到法的洞見。

這部經之所以受到崇敬，以及它所產生的巨大影響，是源自於它幫助那些解脫道上的行者，決定他們可以期待哪種轉世。修行層次較高的天神有時很容易誤以為他們的天界就是涅槃，而未想到可能會再轉生五欲世間，大長老的開示給他們一個衡量自己位置的標準。對於還在解脫道外的凡夫，它也為他們提供了一個可以努力的寶貴方向。

## 《等誦經》與《十上經》──易於背誦的教法索引

舍利弗的另外兩篇開示──《等誦經》(*Saṇgīti Sutta*)與《十上經》(*Dasuttara Sutta*)，是《長部》(*Dīgha Nikāya*)的最後兩部經（編號33與34）。它們是將許多主題，從「一」到「十」加以分類的名相合輯。以「十」為限的編輯原因是，佛法名相群組很少有超過十的，並且比較容易朗朗上口與背誦。《等誦經》是在佛陀面前說的，並且在結尾時也得到佛陀的認可。《等誦經》只是將名相從「一」排到「十」加以組合，《十上經》則是以「十」為單位，提出這些組合實際上的重要性。例如：

> 一法（一）是很重要的；（二）是要長養的；（三）應該要完全了解；（四）必須斷除；（五）意味著衰敗；（六）意味著進步；（七）難以理解；（八）應該使其生起；（九）應該要直接地了解；（十）應該要證悟的。很重要的一法是什麼？於諸善法中不放逸；……應該要斷除的一法是什麼？我慢……應該要證悟的一法是什麼？心的不動解脫。

這些經典一定是在佛陀弘化的晚期才編輯出來的，當時已經存在龐大的教法體系，而這些被小心翼翼傳遞下來的開示，需要加以組織整理才好使用，而這具有明顯特色的佛法精選

集，在教法的廣泛研究上也成為有力的輔助工具。

《等誦經》是在耆那教(Jain)教主尼乾子(Niganṭha Nāputta，又號「大雄」Mahāvīra)，逝世後不久傳出的，因為它提到尼乾子死後，耆那教徒們立即對教法產生歧見，因而爭吵與分裂的事。舍利弗舉耆那教爆發的內鬨為例，作為佛教徒的警惕，在他的開示中，強調此經「應該被所有人和合無諍地讀誦，如此才能使梵行長存，並利益人天大眾。」註釋者說，《等誦經》的目的是為了要傳達教法中的「和合味」(sāmaggirasa)，而藉由「說示善巧」(desanākusalatā)來強調。

修習《十上經》的目的，可從舍利弗在序論的偈頌中看出：

> 我說十上法，
> 是為證涅槃，
> 止息諸苦痛，
> 解脫諸結使。

這兩部經大概是作為經過選擇後的教法的一種索引，這對那些無法背誦大量經典的比丘來說也很有幫助，能讓他們以一種易於背誦與理解的形式，快速接觸到教法的許多面向。

這兩部經充分說明舍利弗對保存佛法的關懷，以及確保佛法詳盡而完整傳遞的系統方式。這就是他提出這些與其他經

典，以及如《義釋》(*Niddesa*)之類「學習工具書」的目的。

## 註釋經典

舍利弗所作的其他經典的摘要，被放在這個研究的結尾部分。現在，讓我們來看看被認為是他所作的較大篇幅的藏經作品。

### 《義釋》──包含許多古語與簡短格言

首先是《義釋》，它屬於「經藏」的《小部》(*Khuddaka Nikāya*)，它是巴利三藏中唯一專門註釋性的作品。《大義釋》(*Mahāniddesa*) 是針對《經集》(*Suttanipāta*) 中的〈義品〉(*Aṭṭhakavagga*) 的註釋，而《小義釋》(*Cūḷaniddesa*) 則是針對同屬《經集》中的〈彼岸道品〉(*Parāyanavagga*) 與〈蛇品・犀角經〉(*Khaggavisāṇa*) 的註釋。

〈義品〉與〈彼岸道品〉是《經集》中的最後兩品，並且無疑地是屬於整個「經藏」的最古老部分。在最早時期，它們就受到僧俗二眾的高度重視，這從《自說經》(*Udāna*) 中記載輸那(Soṇa)長老念誦〈義品〉；而《增支部》(*Aṅguttara Nikāya*) 中，則提到在家女弟子難陀摩陀(Nandamātā)誦持〈彼岸道品〉的事實，即可得知。

佛陀本人至少在五個場合上，解釋《經集》中這兩品裡的偈誦。除了明顯可見受到的重視之外，事實上這兩部偈頌合集包含許多古語與簡短的格言，為了使他們易於了解，所以在非常早期就有註釋產生，而這註釋後來也被納入經藏之中。傳統上將它歸為舍利弗所作，這是極為可信的，如果不是現在所見的巴利藏經的文獻形式，至少在原始核心的部分是他所作。❸ 就大長老的性格而言，他相當關心對比丘們作方法上的指導，《義釋》不只包括字詞解釋、內容的釐清與引述佛說，同時還有明顯屬於語言學的素材，例如對所解釋的字詞，增附許多的同義詞。❹

《大義釋》也包含〈義品〉的最後一章——《舍利弗經》(*Sāriputta Sutta*，或稱《長老問經》*Therapañha Sutta*)的註釋。此經的第一部分是由讚歎世尊與一系列向他發問的偈頌所組成。《大義釋》解釋開經偈，該偈指出佛陀從忉利天(Tāvatiṃsa)講完阿毗達磨回來的事。除此之外，它的內容都是舍利弗提出的問題，以及明顯是佛陀所作的回答。

### 《無礙解道》——佛教進階研究手冊

《無礙解道》(*Paṭisambhidāmagga*)② 似乎成了佛教進階研究的手冊，它的領域與其馳名作者的心智一樣廣博。❺ 此經共三十章，內容長短不一。

首先，是關於七十二種智(Jāna)的長篇（〈智論〉），其次是關於邪見(diṭṭhi)的（〈見論〉），兩者都顯示出舍利弗善巧與直觀心智運作的特色。〈智論〉和該書其他篇章，都包含許多《無礙解道》獨特的名相。它也詳細說明了在「經藏」中較古老的典籍中，所約略提到的名相與教法。此外，並包括許多極具實用價值的禪修資料，例如入出息念（〈安般論〉）、修慈（〈慈論〉）與修觀（〈毘婆奢那論〉）的許多練習。

在經文之中，也會出現一些不同於本經的主題，我們發現一個深具韻律以及美感的段落，其內容是關於讚頌如來的大悲。大名(Mahānāma)長老在撰寫此經註釋——《顯揚正法》(*Saddhamma-ppakāsinī*)時，很肯定地認為它是舍利弗所作，他在序論的偈頌中大力讚揚大長老。

在《無礙解道》本文中，舍利弗曾被提到兩次，一次是在〈神變論〉中，說他擁有「定遍滿神變」(samādhivipphāra-iddhi)者（見前章「禪修的成就」一節），以及在〈大慧論〉(2:196)中所說：「那些智慧與舍利弗相當者，具有某種程度的佛智。」

## 編纂阿毗達磨

現在我們來到舍利弗尊者對佛教教義所作的最重要貢獻之

一，即他所編纂的阿毗達磨。

根據《法集論》(*Dhammasaṅgaṇī*)③的註釋——《殊勝義論》(*Aṭṭhasālinī*)，佛陀是在忉利天，對來自八萬四千世界的天神說阿毗達磨，這些天眾之首是他那轉生到忉利天為天神的母親——摩耶皇后。佛陀教導阿毗達磨為期三個月，期間每天都會短暫地返回人間乞食，並將當日所說的阿毗達磨「方法」(naya)告訴舍利弗。《殊勝義論》說：

> 所以，這些方法是傳授給擁有無礙解智的上首弟子，就如佛陀站在岸邊，伸手指出海洋一般。對於長老來說，世尊以千百種方法所教導的教義，都變得非常清晰。❻

後來，長老再將其所學，傳給了他的五百位弟子。《殊勝義論》接著進一步說：

> 阿毗達磨論典的順序是由舍利弗所創的，而《發趣論》(*Paṭṭhāna*)中的數字順序也是由他決定的。以這樣的方式，長老在不破壞獨特教理的情況下，建立了數字的次序，使得佛法更容易學習、記憶、研究與教導。❼

《殊勝義論》也將下列論藏歸結為舍利弗所作：

一、在「論之論母」(Abhidhamma Mātikā)之後,緊接著「經之論母」(Suttanta Mātikā)四十二對法(duka),兩者都置於七部阿毗達磨論④之初。⑤而在《法集論》中對「經之論母」四十二對法的解釋,同樣也可能是長老所作。

二、《法集論》的第四章,也是該論的最後一章的〈義釋品〉(Atthuddhārakaṇḍa)。

三、阿毘達磨的念誦順序的安排(vācanamagga)。

四、《發趣論》中數字的章節(gaṇanacāra)。

## 正確轉動法輪的人

在《不斷經》(MN 111)中,佛陀自己說舍利弗對禪心,乃至於其主要心所的分析,都源自於他自己從每一禪順序出定後的經驗。這個分析可能是《法集論》中詳細分析禪心的前身或摘要⑥。

念及舍利弗尊者的精通佛法與他的解說技巧,佛陀說:

> 比丘們,舍利弗已完全通達法界(dhammadhātu),如果我整天以各種語句問他,舍利弗同樣能整天以不同的語句來回答。如果我整夜、一天一夜或兩天兩夜,甚至七天七夜問他,舍利弗也能在相同的時間裡,以不同的語句來解釋

問題。（SN 12:32）

又有一次，世尊將舍利弗比喻作轉輪王❽的長子：

> 比丘們！如果轉輪王的長子具備五種特質，他就會繼承其
> 父，公正地轉動王權之輪，而這王權之輪就不會被怨敵所
> 推翻。這五種特質是什麼呢？轉輪王的長子知道什麼是有
> 益的；知道法則；知道正確的行事方法；知道正確的時
> 機；知道他必須面對的大眾。
>
> 同樣地，比丘們！舍利弗具備五種特質，正確地轉動無上
> 法輪，就如同我所轉的一般。而且這法輪不會被苦行者、
> 祭司、天神或大梵，乃至世間任何人所推翻。這五種特質
> 是什麼呢？比丘們！舍利弗知道什麼是有益的；知道教
> 法；知道正確的行事方法；知道正確的時機；知道他要教
> 化的群眾。（AN 5:132）

舍利弗作為「法師」(teacher of Dhamma)的偉大聲譽使得他
不朽，並成為後來的佛教徒之間的一個傳統，這顯示在撰寫
於三百多年後的《彌蘭陀王所問經》(*Milindapañha*)的結語
中。其中，彌蘭陀王將那先(Nāgasena)長老比作舍利弗尊者，
並說：「在佛陀的教說中，除了『佛法大將』長老舍利弗之

外，沒有人能像你一樣回答問題。」(Mil. 420)

那個盛譽至今猶在，被這位大弟子的珍貴教法高舉著，和他老師的話語同被保存、珍藏在一些佛教最古老的典籍中。


## 原註

❶ 請見 *The Greater Discourse on the Elephant's Footprint*（BPS, Wheel No. 101, 1981）。

❷ 請見 *The Discourse on Right View*（BPS, Wheel No. 377/379, 1991）。

❸ 《長老偈註》引用《義釋》，並認為它是舍利弗所作。

❹ 關於《義釋》的特色，請見湯瑪斯（E. J. Thomas）的〈在巴利文與梵文學派中的佛教教育〉（" *Buddhist Education in Pali and Sanskrit Schools* "），收錄在羅（B. C. Law）所編的《佛教研究》（*Buddhistic Studies, Calcutta,* pp. 223ff, 1931）。

❺ 智髻比丘（Bhikkhu Ñāṇamoli）曾翻譯此書，名為 *The Path of Discrimination*（PTS, 1982）。其中「入出息念」一節也被納入該譯者的選集 *Mindfulness of Breathing*（BPS, 1964）之中。

❻ Atthasālinī（PTS ed.）, pp. 16-17. 參見 The Expositor, 1:20-21。

❼ Atthasālinī, p.17; The Expositor, 1:21.

❽ 轉輪王（cakkavatti-rājā）是一位佛教典籍中的理想君王，他的統治是建立在正義的基礎上。


## 譯註

① 四界即地界、水界、火界、風界，這些是色法不可分離的主要元素，這四大元素因「持有自性」，所以稱為「界」。「內地界」是指內在於身體的堅硬、固體、所執持的部分，包括髮、毛、爪、齒、皮等；「外地界」是指能承載萬物的大地。「內水界」是指內自身的水、似水的（液體）、所執持的部分，包括痰、血、汗、淚、唾等；「外水界」是指溪河、海洋等。「內火界」是指內自身的火、似火的（熱）、所執持的部分，包括以它而熱、衰老、燃燒、消化等；「外火界」是指能燒燃一切外在物質的火。「內風界」是指內自身的風、似風的（氣體）、所執持的部分，包括上（下）行風、腹內（外）風、入（出）息風等；「外風界」是指能吹動一切的外在的風。

② 《無礙解道》（*Paṭisambhidāmagga*）：本書含攝於「經藏」中的《小部》，但內容與形式則屬於論書性質，與《清淨道論》關係密切。內容主要論述修道解脫之事，幾乎網羅了此方面的佛教論題，教理內容已具有部派佛教的色彩，有許多上座部獨特的名相，是巴利論書的先驅。

③ 《法集論》（*Dhammasaṅgaṇī*）：本書是巴利七論的要點整理的總論，置於七論之初，內容是以五位說（色、心、心所、心不相應、無為）為中心而說明。

④ 此處所指的是南傳巴利七論：《法集論》、《分別論》、《界論》、《人施設論》、《雙論》、《發趣論》、《論事》。

⑤ 所謂「論母」是為了說明論書的內容，有如目次置於論書的最初。《法集論》最初的「論之論母」係從阿毘達磨的立場觀察一切法，而含有百二十二門（三法的有二十二門，二法的有百門），這在一般論書中都普遍採用。「經之論母」有四十二門，都是二法一對，如黑法與白法、名法與色法。

⑥ 參見《法集論》第一〈心生起品〉。

# 到彼岸

## 上首弟子先入涅槃

我們現在來到佛陀般涅槃（Parinibbāna，意譯為入滅）的那年。世尊在毗舍離城(Vesālī)旁的橡樹村(Beluvagāma)度過雨季。❶在雨安居結束後，他離開那地方，返回舍衛城(Sāvatthī)的祇園精舍。

### 度化母親的心願

彼時「佛法大將」長老舍利弗，禮拜世尊之後便回到自己的茅篷。當弟子們禮敬他而離開後，他便灑掃、敷座，洗腳後盤腿而坐，進入阿羅漢果定。

他依預定的時間出定①，心中生起一個想法：「過去諸佛是先入涅槃，還是他們的上首弟子先入涅槃呢？」然後，他發現是上首弟子先入涅槃，因此思惟自己的生命力，發現它所剩餘的力量，只夠維持他一個星期而已。

他接著思索：「我該在哪裡入涅槃呢？羅睺羅在忉利天入

滅，憍陳如長老在喜馬拉雅山的六牙湖（Chaddanta Lake）入滅，而我要在哪裡入滅呢？」

當他反覆思惟這問題時，他想起自己的母親，頓時心生一念：「雖然她是七位阿羅漢之母②，卻不信佛、法、僧三寶，不知她是否有生起信心的因緣呢？」

他觀察此事，得知她有須陀洹道的因緣。然後他自問：「要透過誰的指導，她才能洞察真理呢？」他了解到唯有自己之外，誰的說法都沒用。接著，他又想：「如果我現在還是漠不關心，人們會說：『舍利弗一向樂於助人。例如，某天，他為等心天開示，許多天神因此證得阿羅漢果，還有許多人通達前三道。又有幾次，在長老鼓勵人們對三寶生起淨信之後，許多人證得入流果，數千個家庭轉生天界。然而，他卻無法除去自己母親的邪見！』人們會如此說我。因此，我應該幫助母親從邪見中解脫，並在我出生的房間般涅槃。」

## 請求佛陀允許入涅槃

下定決心之後，他想：「今天應該請求世尊允許，然後前往那羅卡村。」他呼喚侍者純陀長老，說：「純陀吾友，請我們的五百比丘帶著衣與缽，因為我要前往那羅卡村。」純陀長老就照著他的吩咐去做。

比丘們將住處整理好後，帶著衣與缽來找舍利弗長老。舍利

弗自己也將日常起居的地方清掃乾淨，並整理好房間後，站在門口，回顧房間，心想：「這是我最後一次看它，此後我再也不會回來了。」

然後，舍利弗與五百名比丘一起去找世尊，頂禮他，並說：「如來！願世尊允許，願佛陀答應，我般涅槃的時刻已到，我已捨棄了生命力。」

> 世尊，至聖者！
> 不久我將從生命中解脫，
> 不再來與去，
> 這是我最後禮拜您。
> 我已時日無多，
> 從現在起只有七天，
> 我的色身將會倒下，
> 並捨棄重擔。
> 答應吧，世尊！允許吧，世尊！
> 涅槃的時刻終於來臨，
> 我已捨棄了存活的意願。

經中說，如果佛陀回答：「你可以般涅槃」，外道就會說他讚美死亡；如果他回答：「不可般涅槃」，他們又會說他鼓勵繼

續輪迴。因此，世尊兩者都不說，而是問：「你將在哪裡般涅槃？」

舍利弗回答：「在摩揭陀國那羅卡村內，我出生的房間裡。」

於是世尊說：「舍利弗！如你所想的及時去做吧。但今後你僧團中的兄弟再也沒有機會看到像你一樣的比丘，請給他們最後的佛法開示吧！」

於是大長老便展現了他不可思議的力量為大眾開示。從最高深的勝義諦說到世俗諦，再從世俗諦說到勝義諦，他直接地解釋法義，並舉例闡述。結束開示時，他頂禮世尊雙足，握住他的腳，說：「歷經一阿僧祇與十萬大劫❷，我已圓滿了十波羅蜜，因此才得以禮敬這雙足。我的心願已了，從今以後不會再相遇或會見，那密切的聯繫如今已斷絕。我將速入不老、不死、平靜、喜悅、清涼與安穩的涅槃城，那是數百千佛進入之處。若我有任何言行令世尊不悅，請您原諒我！現在該是我離開的時候了。」

佛陀之前對此問題已作過回答，當時他說：

> 舍利弗！你並沒有任何行為或語言應受到我的訶責。舍利弗！因為你博學多聞，有大智慧，具足廣大、光明、敏銳、敏捷且通達的智慧。（SN 8:7）

因此，現在他同樣回答：「我原諒你，舍利弗！」他說：「但你沒有任何行為或語言令我不悅。現在，舍利弗，如你所想的及時去做吧！」我們由此可以看出，佛陀有幾次似乎在指摘他的上首弟子，那並不是因為他有任何不悅，而是指出另一種處事的方式，另一種看問題的角度。

### 向佛陀告別

在世尊應允他，舍利弗頂禮佛足後，大地隨即發出哀號，起大震動，四大海水波浪翻騰。就好像大地想說：「雖然我能承載須彌山群、周遭山牆與喜馬拉雅峰，今日卻無法承受如此巨大的功德積聚。」天空雷鳴閃電，烏雲密佈，大雨滂沱而下。

此時世尊心想：「現在我應該允許『佛法大將』離開。」他便從法座起身，進入他的馨香房(gandha-kuṭī)，站在金剛座上。舍利弗右繞香房三匝，並在四處禮拜，心中想著：「我在一阿僧祇與十萬大劫前頂禮妙見佛，並發願要見到您。如今這個願望已經實現，我見到了您。第一次集會是我首次見到您，現在是最後一次，將來不會再有機會了。」他雙手合十，向後倒退離開，直到看不到世尊為止。大地再一次因承受不住而起大震動，四大海水波浪翻騰。

然後，世尊對環繞在他身邊的比丘們說：「去吧，比丘們！

去陪你們的長老兄弟。」聽到這話後，所有四眾弟子立即離開祇園精舍，只留下世尊一人。舍衛城的居民也聽到這個消息，紛紛手捧香、花，絡繹不絕地出城，頂著溼髮（表示哀傷），悲歎、哭泣地跟隨在長老身後。

舍利弗於是安慰群眾，說：「這是人人必經之路」，並請他們回去。對於陪伴他的比丘們，他說：「你們現在可以回頭了，別疏忽了世尊。」

就這樣他請他們都回去，只剩下自己的弟子眾繼續上路。然而還是有些人跟著他，悲歎道：「從前聖比丘都去而復返，但這趟旅程是不歸路啊！」長老對他們說：「請保持正念，朋友們！一切緣起法的本質就是如此。」然後請他們回去。

## 償還最後的負債

旅途中，舍利弗在每個停留的地方都過一夜，讓許多人都得以見到他最後一面。

### 回到出生的房間

這樣經過一個星期，他於晚上抵達那羅卡村，停留在村口的一棵榕樹旁。此時恰巧長老的侄子優波離婆多(Uparevata)要出村，在那裡看見舍利弗。他趨前禮敬長老，並恭立一旁。

長老問他：「你的嬸婆（譯按：指舍利弗的母親）在家嗎？」

「在，尊者！」他回答。

「那麼去通知她我們來了，」長老說，「如果她問起我為什麼回來，請告訴她我會在村裡住一天，請她將我出生的房間準備好，並為五百名比丘提供住處。」

優波離婆多去找他的嬸婆，說：「嬸婆，我叔叔回來了。」

「他現在在哪裡？」她問。

「在村口。」

「他是一個人，還是有人和他一起來？」

「他和五百位比丘一起來。」

當她問他：「他為什麼回來？」他便轉述長老交代的話。於是她心想：「他為什麼請我為這麼多人提供住處？他在年輕時就出家，難道他想在晚年還俗嗎？」但她還是為長老安排出生的房間與比丘們的住處，點亮火把後，送去給長老。

舍利弗在比丘們的陪伴下踏進家門，並進入他的出生房間。坐定之後，他請比丘們各自回房間去。他們才剛離開，長老便患了嚴重的下痢，他感到劇烈疼痛。當一個桶子提進房去，另一個就被提出來。身為母親的婆羅門女心想：「我兒子的情況似乎不是很好。」而斜倚地站在自己的房門邊。

### 諸天的探望

然後事情就發生了，經文告訴我們，此時四大天王自忖：「『佛法大將』現在住在哪裡呢？」❸他們以天眼照見他在那羅卡村，在他出生的房間裡，躺在病床上等著入滅。他們說：「讓我們去見他最後一面吧！」

當他們抵達這出生的房間時，他們禮敬長老，並恭立一旁。

「你們是誰？」長老問。

「尊者，我們是大天王。」

「你們為何前來？」

「我們想在你生病期間照顧你。」

「隨它去！」舍利弗說。「這裡有侍者，你們可以走了。」

他們離開之後，諸天之王的帝釋(Sakka)也來到，在他之後，是大梵天(Mahābrahmā)王，但長老都同樣請他們回去。

婆羅門女看見這些天神來來去去，心中自忖：「那些來禮敬我兒子然後離開的人是誰？」然後她走到長老房門口，向純陀尊者探詢長老的情況。純陀將她的疑惑轉達給長老，並告訴他：「大優婆夷來了。」

舍利弗問她：「你怎麼在這個時候來呢？」

「我來看你，親愛的，」她回答：「請告訴我，最早來的那些人是誰？」

「四大天王，優婆夷。」

「那麼你比他們更偉大嗎？」她問。

「他們就像寺院的護法，」長老說：「從世尊一出世，他們就手持寶劍守護著他。」

「親愛的！他們離開之後，接著來的人是誰？」

「是諸天之王的帝釋。」

「那麼你比諸天之王更偉大嗎，親愛的？」

「他就像幫比丘攜帶東西的沙彌，」舍利弗回答：「當我們的大師從忉利天回來時，帝釋拿著佛陀的衣與鉢，和他一起回到人間。」

「帝釋離開後，接著來的那個光明遍滿房間的人是誰？」

「優婆夷，那是你的上主與導師——大梵天。」

「那麼，我兒，你比我的上主——大梵天，更偉大嗎？」

「是的，優婆夷！在我們大師出生那天，據說四大梵天手持金網迎接這位偉人。」

### 回報母親養育之恩

聽聞此言，婆羅門女心想：「如果連我兒子的力量都如此之大，那麼他的導師與上主的威力豈不更大？」當她想到這裡時，內心頓時生出喜悅，遍滿全身。

長老心想：「我的母親心中已生起喜悅，現在是對她說法的時候了。」於是他說：「優婆夷，妳在想什麼呢？」

「我在想，」她回答，「如果我的兒子有如此的功德，那麼他老師的功德豈不更大？」

舍利弗回答：「在我老師出生、出家、覺悟與初轉法輪時，八萬四千個世界都發生大震動。他在戒、定、慧、解脫與解脫知見上是無與倫比的。」然後，他向她詳細解釋皈敬文：「如此即世尊……(Iti pi so Bhagavā...)。」他就這樣在佛陀功德的基礎上，為她解說佛法。

當她的愛子結束說法時，這婆羅門女已證得入流果。她說：「啊，我親愛的優波提舍！你為何如此？為什麼這些年來，都不賜予我這個不死的甘露智呢？」

長老心想：「現在我已回報母親──魯芭舍利(Rūpa-Sārī)婆羅門女的養育之恩，這樣應該足夠了。」於是他請她離開，說：「優婆夷，現在你可以走了。」

當她離開以後，他問：「純陀，現在是什麼時候？」

「尊者，是清晨了。」

長老說：「請集合比丘們。」

當比丘們聚集時，他對純陀說：「純陀，請扶我坐起來。」純陀照做了。

然後長老對比丘們說：「我的朋友，我和你們共住、同行四十四年。若我有任何言行曾令你們不悅，請原諒我，朋友。」

他們回答：「尊者，雖然我們形影不離地跟著您，但您從未

曾觸惱我們，反倒是希望尊者能原諒我們。」

之後，長老以大衣包裹著身體，覆蓋在臉上，右脅而臥。然後，就如世尊般涅槃所做的一樣，他依序地進出九次第定，然後再從初禪進入第四禪。在他進入第四禪的刹那，就如旭日初升，他完全地進入了無餘涅槃界③。

當時是迦底迦月(kattika)，相當於陽曆十月至十一月的月圓日。婆羅門女在她的房裡自忖：「不知我的兒子現在怎樣了？他怎麼什麼都沒說。」她起身，進入長老房內，按摩他的雙腳，卻發現他已經去世，她頹然地倒在他的腳下，放聲慟哭：「啊，我的愛兒！我們以前並不知道你的德行。因此，我們無緣善待與供養比丘大眾，也無緣廣造寺院！」她就這樣一直悲歎到日出。

## 神聖莊嚴的葬禮

日出之後，她立即派人去找金匠，打開藏寶室，將一甕甕滿滿的黃金放在大秤上秤，然後將黃金交給金匠，命令他打造喪葬飾品。許多圓柱與拱門被豎立起來，優婆夷在村子中央蓋了一座以樹木的心材所建造的大帳篷，在帳篷的中間，建立了一個人字形的結構，周圍環繞著黃金打造的拱門與圓柱。然後，就舉行人與天神共同參與的神聖葬禮。

在大眾舉行整整一個星期的神聖儀式後，他們以各種香木堆

成火葬用的柴堆，然後將舍利弗尊者的遺體放在上面，並以幾束的香根點燃木柴。荼毗的那一晚，大眾徹夜聆聽佛法開示。之後，阿那律長老以香水澆熄火焰，純陀長老則負責撿拾舍利，將它們放置在濾布上。

然後純陀長老心想：「我不能在這裡耽擱太久，我一定要稟告佛陀我的兄長──『佛法大將』舍利弗尊者入滅的消息。」因此，他帶著裝著舍利的濾布與舍利弗的衣、缽，前往舍衛城。在旅程的每一站都各停留一晚。

這些事是《念處相應》(*Satipaṭṭhāna Saṃyutta*) 中的《純陀經》(*Cunda Sutta*) 的註釋所說，其中有些是取材自《大涅槃經》(*Mahāparinibbāna*) 註釋相對應的部分，與之有關的記載出現在《純陀經》(SN 47:13)④。

## 《純陀經》的記載

有一次，佛陀住在舍衛城的祇樹給孤獨園時，尊者舍利弗住在摩揭陀國的那羅卡村，病重危篤，純陀沙彌❹隨侍在側。後來尊者舍利弗就因而入滅了。純陀沙彌帶著尊者舍利弗的衣與缽，前往舍衛國祇樹給孤獨園，去找阿難尊者。他頂禮之後，坐在一旁，說：「尊者！舍利弗尊者已經入滅，這是他的衣和缽。」

「純陀吾友，這件事應稟報世尊。純陀，讓我們一起去見佛陀。見面之後，我們應該向世尊報告這件事。」

「是的，尊者！」純陀說。

他們去見世尊，抵達那裡，頂禮之後，坐在一旁，尊者阿難對世尊說：「世尊！純陀沙彌告訴我：『尊者舍利弗已經入滅，這是他的衣與缽。』世尊！當我聽到尊者舍利弗入滅的消息後，我的身體如蔓藤般的虛弱，周遭的事物都變得模糊，對我來說不再清晰。」

「阿難，怎麼會這樣？當舍利弗入滅時，他有帶走你的戒身、定身、慧身、解脫身或解脫知見身嗎？」

「沒有，世尊！當舍利弗入滅時，他沒有帶走我的戒身、定身乃至解脫知見身。但是，世尊！舍利弗尊者一直都是我的益友、良師與指導者，他激勵、啟發並令人歡喜，他說法不倦，是同儕比丘們的協助者。我們都記得他教導佛法是多麼充滿活力，有趣又實用。」

佛陀說：

阿難！難道我沒有教導過你們，一切和我們親近事物的本質，都是會敗壞，並會與我們分離的嗎？凡是生、住、聚合的事物，終歸滅盡，怎麼會有不分離的事物呢？那是不可能的。阿難！就像一棵健壯的大樹，大的樹枝會先折斷

一樣，舍利弗如今也從這偉大而莊嚴的僧團中入滅了。阿難，凡是生、住、聚合的事物，終歸滅盡，怎麼會有不分離的事物呢？這其實是不可能的。

因此，阿難！要以自己爲島嶼，以自己爲皈依處，不要向外尋求皈依；以法爲島嶼，以法爲皈依，不要尋求其他的皈依處。

註釋又這樣的敘述：世尊伸出手，接過裝著舍利弗遺骨的濾布，放在他的掌中，對比丘們說：

比丘們！這是前不久才請我准許他入滅的比丘，其如貝殼色的舍利。

就是這位比丘，他歷經一阿僧祇與十萬大劫，圓滿了十波羅蜜。

就是這位比丘，他幫助我轉動我曾初轉的法輪。

就是這位比丘，他獲得了僅次於我的地位。

就是這位比丘，在八萬四千世界中，除了我以外，智慧無與倫比者。

就是這位比丘，具有偉大的、廣大、清明、敏銳與通達的智慧。

就是這位比丘，他少欲知足，樂於獨處，不喜結伴，精勤

方便，是同儕比丘的責惡勸善者。

就是這位比丘，他常行遠離，捨棄五百世以來所獲得的大福報。

就是這位比丘，在我的教說中，堅忍有如大地。

就是這位比丘，有如去角之公牛般不傷害他人。

就是這位比丘，具有謙卑之心，如賤民之子。

看哪！比丘們，這就是具有偉大的、廣大、清明、敏銳與通達智慧者的舍利，是少欲知足，樂於獨處，不喜結伴，精勤方便者的舍利。看哪！這就是同儕比丘責惡勸善者的舍利。

然後，佛陀說出以下偈頌❺，讚歎他的偉大弟子：

於彼五次百世身，
皆行出家與離欲，
善持心而斷渴愛，
調伏身心等諸根，
禮敬涅槃舍利弗！

於彼堅忍如大地，
完全制伏己心意，

慈悲仁善與寂靜，
彼之堅定如大地，
禮敬涅槃舍利弗！

心謙卑如賤族子，
進入城中緩步行，
逐戶托缽求乞食，
舍利弗即是如此，
禮敬涅槃舍利弗！

彼在城中或叢林，
無害如去角公牛，
舍利弗即是如此，
彼善調御自身心，
禮敬涅槃舍利弗！

當世尊讚頌完舍利弗尊者的功德之後，他要求人們為舍利弗的遺骨建塔 (stūpa)。❻

在此之後，世尊告訴長老阿難他想去王舍城，阿難通知比丘們，於是世尊與比丘大眾一同前往王舍城。當他抵達那裡時，尊者大目犍連也已入滅。世尊也同樣地拿起他的舍利，要求人們為其建塔。

然後，世尊離開王舍城，緩步前往恆河，最後抵達支羅村。他來到恆河岸邊，與隨從比丘一起坐下，說出《支羅經》(*Ukkacelā Sutta*)，內容是關於舍利弗與大目犍連入滅的事。

## 《支羅經》的記載

有一次，佛在跋耆國(Vajji)恆河邊的支羅村中。舍利弗、目犍連尊者剛入滅後不久。那時，世尊於大眾前敷座而坐。

世尊觀察了沉默的比丘眾，然後對他們說：

> 比丘們！這個集會對我而言是空的，如今舍利弗與目犍連都已入滅。對我而言，不僅集會是空的，我也無須再考慮舍利弗與目犍連的住處了。
>
> 過去的諸如來、佛陀、世尊，也與我同樣擁有如舍利弗、目犍連般的雙賢弟子；未來的諸如來、佛陀、世尊，也與我同樣擁有如舍利弗、目犍連般的雙賢弟子。
>
> 真是不可思議，真是奇妙啊！比丘們！思惟這些比丘，他們遵循佛陀的教法而行，遵循他的教誡而行，他們將得到四眾弟子的愛戴、尊崇與敬仰。
>
> 真是不可思議，真是奇妙啊！比丘們！思惟世尊，這樣的雙賢弟子皆已入滅，但於世尊，並無哀傷與悲歎。因為凡

是生、住、聚合的事物，終歸滅盡，怎麼會有不分離的事物呢？那其實是不可能的。

因此，比丘們！要作自己的島嶼，作自己的皈依處，不要尋求外在的皈依；要以法為島嶼，以法為皈依，不要尋求其他的皈依處。

那深刻而感人的教誡，都反覆地迴盪在他的教法中，直到佛陀般涅槃為止，為少年優波提舍──後來成為世尊的上首弟子，他所鍾愛的「佛法大將」──的故事劃下句點。

尊者舍利弗，逝世於迦底迦月，從陽曆十月初至十一月終的那個月圓日。大目犍連則於半個月之後的新月日去世。❼根據傳統說法，半年後，則臨到佛陀自己般涅槃。

作為人、天福田的三位偉人，他們如此殊勝的結合，難道只是偶然嗎？我們在《彌蘭陀王所問經》中找到了答案，其中那先長老說：

在數百千世中，舍利弗長老的前身也曾是菩薩的父親、祖父、伯叔、兄弟、兒子、侄子或朋友。❽

因此，漫漫輪迴中，他們一直都聯繫在一起，直到涅槃為止。時間，不過是流逝事件的相續，對他們來說，也成為永

恆，生死輪迴已被「不死」所取代。在他們最後的一生中，他們發出光亮，照耀了世間，綿綿無盡！

## 原註

❶ 請見《大般涅槃經》（Mahāparinibbāna Sutta）第二章，「佛陀最後的日子」（BPS, 1988）。世尊於待在橡樹村期間染患重病。

❷ 請參見〈第一章求法〉「成為佛陀的上首弟子」一節。

❸ 四大天王是欲界天最下層的天神，各自統理四方中的一方，分別為持國（東方）、增長（南方）、廣目（西方）、多聞（北方）四天王。此四天王居須彌山四方之半腹，常守護佛法，護持四天下，令諸惡鬼神不得侵害眾生，故稱「護世」或「護國」。

❹ 舍利弗之弟。

❺ 偈頌是向智長老從巴利文翻譯而來。

❻ 塔（stūpa）：舍利紀念塔，裡面放置佛陀或傑出比丘的聖骨。在佛教國家，幾乎在所有寺院都可以發現它們，被當作禮敬的對象。它們也被稱為「支提」（caitya），在斯里蘭卡則被稱為「達歌巴斯」（dagobas）。

❼ 這是根據《支羅經》的註釋。

❽ Mil. 204。荷那（Horner）翻譯《彌蘭陀所問經》（Milinda's Questions），1:295。另外請參見〈舍利弗‧第一章求法〉的「《本生經》中的舍利弗」一節。

## 譯註

① 聖者在入於果定之前，會預設在定的時限：「我將於某某時出定」，直至所作的時限已到，他才會出定。

② 舍利弗有三個兄弟、三個姊妹都出家，也都證得阿羅漢，包括舍利弗，如此就有七位阿羅漢。

③ 有二種涅槃界——有餘涅槃界與無餘涅槃界。有餘涅槃界是指比丘斷除五下分結，即入般涅槃，不還來此世。無餘涅槃界是指比丘一切漏盡，智慧解脫，生死已盡，梵行已立，更不受後有。

④ 或可參見《雜阿含經》第638經，《大正藏》卷二，頁176c。

第五章

# 舍利弗的開示

被歸為舍利弗所說的經典，涵蓋了與梵行有關的廣泛主題，
包括從單純的戒律，到深奧的教理與禪修重點。以下即列出
這些經典，並對每個主題略作簡短的說明。

這些經典在「經藏」中的編排，並非表示說法時間的先後順
序。不過，其中有些包含特殊事件的參考資料，就可以據以
推算出它們屬於佛陀傳法的哪個時期。例如《教給孤獨經》
(*Anāthapiṇḍika Sutta*)，就是於這位在家大弟子去世前說的。

## 《中部》

### No. 3 《法嗣經》(*Dhamadāyāda Sutta*)

在佛陀說完「佛法嗣子」與「世間嗣子」，並退居他的香房之
後，舍利弗告誡比丘們應如何表現，以及當佛陀遠離憒鬧
時，他們也同樣地要遠離憒鬧，應該放捨佛陀教導他們要放
捨的事物，並且應謙虛，樂於獨處。最後他以十六種心的煩
惱之惡作總結（見MN 7），並說藉由中道——八正道，可以

斷除它們。

## No. 5 《無穢經》（Anaṅgaṇa Sutta）

有四種人：自知犯戒者、不自知犯戒者、自知無犯戒者、不自知無犯戒者。經中說知之者比不知者好，並解釋其原因。這段開示顯示出，自我省察在戒律與禪修上的重要性。

## No. 9 《正見經》（Sammādiṭṭhi Sutta）

摘要請參見〈舍利弗・第三章轉法輪者〉，頁126。

## No. 28 《大象跡喻經》（Mahāhatthipadopama Sutta）

摘要請參見〈舍利弗・第三章轉法輪者〉，頁123-126。

## No. 43 《有明大經》（Mahāvedalla Sutta）

長老回答無礙解第一的尊者大拘絺羅(Mahākoṭṭhita)所提出之一系列問題，舍利弗以清晰而深入的解答，來回應對方巧妙的問題。問答是從法相的解析開始，從智慧與正見到禪定的微妙觀點。

## No. 69 《瞿尼師經》（Gulissāni Sutta）

關於林住比丘所遵循的行儀與修法。由大目犍連尊者提問，

舍利弗長老則確認住在城市與村落附近的比丘們，也適用相同的規則。

## No. 97 《陀然經》（*Dhānaññāni Sutta*）

舍利弗向陀然闍尼婆羅門解釋，在家人多方面的責任，不能作為他們犯錯的藉口，他們也逃脫不了造作這些惡行的未來苦果。

後來，當陀然闍尼臥病在床，臨終時他請求舍利弗長老去看他，舍利弗向他說明透過梵住到達梵天的方法。佛陀婉轉地責備長老，未能引導陀然闍尼到更高的覺悟。（參見〈舍利弗·第二章舍利弗其人其事〉，頁94）

## No. 114 《應習不應習經》（*Sevitabbāsevitabba Sutta*）

舍利弗闡釋一段佛陀對於何者應修行、長養與應用的，何者是不應修行、長養與應用的簡短開示。從身、語、意三方面切入，內容是關於心態、知見、六塵與比丘的資具。

## No. 143 《教給孤獨經》（*Anāthapiṇḍikovāda Sutta*）

舍利弗被臨終的給孤獨長者請到病床邊，他勸告他遠離任何貪著，當從六根開始：「長者！你應該如此訓練自己：『我不應執著眼睛，而我的心也就不會執著它。』長者！你應該

如此訓練自己。」

對於其餘的五根、六塵、六識、六觸、由六觸所生的六受、六界、五蘊、四無色界也一樣，並以出離這個世間與其他一切世間作為總結；出離一切所見、所聞、所觸與所想的事物；出離心中遭遇、探索與追求的一切。簡而言之，應該在所有經驗領域中練習出離，對臨終者而言，應該從他迫切的考量開始：他的六根與它們的作用。

這個出離的召喚，引起了更廣泛的循環，並產生思想共鳴的效應。這在臨終的長者心上，一定具有深刻的衝擊，以及安定、解脫，甚至喜悅的影響，這顯然正是這位善巧的老師舍利弗所希望的。事實上，他的話確實有那個影響，因為經典中說，給孤獨長者在聽到這崇高的開示後，感動而落淚，那是個他前所未聞的深刻開示。給孤獨不久之後便去世了，並轉生到兜率天成為天神。

## 《長部》

### No. 28 《自歡喜經》（*Sampasādanīya Sutta*）

舍利弗作的讚佛頌，在佛陀面前所說，並讚揚他「無上」(anuttariya)的教法。它表現並證明了舍利弗對佛陀的淨信。此經的第一段也出現在《大涅槃經》（*Mahāparinibbāna Sutta*）

之中。

No. 33《等誦經》（*Saŋgīti Sutta*）
No. 34《十上經》（*Dasuttara Sutta*）
參見〈舍利弗‧第三章轉法輪者〉，頁128-130。

## 《增支部》

2:35《等心經》（*Samacitta Sutta*）關於入流者、一來者與不來者，以及何種因素會決定他們未來的轉世。參見〈舍利弗‧第三章轉法輪者〉，頁127。

3:21 關於「聖者」的另一種分類法：身證（kāyasakkhī）、見至者（diṭṭhippatta）與信解脫（saddhāvimutta）。

4:79 舍利弗問佛陀為何有些人的事業失敗，有些人成功，甚至還有些人超出他們的預期。佛陀回答，原因之一是有沒有布施，有沒有對沙門、修道者與比丘們布施。

4:158 有四種特質可顯示善念是否存在，如果有人發現自己有這四種特質，他就能知道自己已失去良善的特質，世尊稱此為「退轉善法」。這四種特質是：多貪、多瞋、多痴，以及對於與智慧相關的深奧論題，缺少知識與智慧。

反之，如果有人發現自己有另外這四種特質，他就能知道自

己並未失去良善的特質，世尊稱此為「不退轉善法」。這四種
特質是：少貪、少瞋、少痴，以及對於與智慧相關的深奧論
題，擁有知識與智慧。

4:167-68 聖道上的四種進步。參見【導論】，頁33-35。

4:172 舍利弗闡釋佛陀簡短陳述的四種「我性」(attabhāva)，
並提出一個問題。佛陀的回答，後來舍利弗在《等心經》中
曾加以闡釋。

4:173 舍利弗在受具足戒兩週之後（亦即在證得阿羅漢果
時），宣稱自己已達到四無礙解智。他請求佛陀加以印證。參
見〈舍利弗‧第二章舍利弗其人其事〉，頁118。

4:174 舍利弗與大拘絺羅尊者討論可解釋的極限。舍利弗說：
「六觸處所及之處，即（可解釋的）戲論世界的範圍；戲論世
界所及之處，即六觸處的範圍。如果六觸處止息，戲論世界
便隨之滅去而寂靜。」

4:175 關於必需要具足「明」與「行」(vijjācaraṇa)兩者，才能夠
滅苦。

4:179 關於在現世能否證得涅槃的理由。

5:165 人們會發問的五個理由：出於愚痴與無知；出於惡意與
欲求；出於想知道；出於輕慢；出於這個想法：「如果他正
確回答我的問題，那很好；否則，我會自己找出正確答案。」

5:167 關於如何勸諫同修比丘們。

6:14-15 比丘好死與惡死的理由。

6:41 舍利弗解釋一位擁有神通力的比丘，可隨其意願，將樹幹看成只是地、水、火或風、淨或不淨（美或醜），因為所有這些元素都存在於樹中。

7:66 關於恭敬與尊重。舍利弗說恭敬與尊重佛、法、僧、修行、禪定、不放逸，以及慈愛與有禮的精神，這些有助於克服不善與培養善。其中每一個因素，前者是後者的緣。

9:6 個人對於人、衣、乞得的食物、坐臥具、村落、城鎮與國家等，應該知道的兩件事：是否該親近、使用它們，或依靠他們來過活。

9:11 舍利弗的「獅子吼」，是某次有比丘毀謗他，他在世尊面前所發出的。他以九個譬喻來說明自己解脫瞋恚，不執著色身，以及不可能傷害別人。參見〈舍利弗‧第二章舍利弗其人其事〉，頁101。

9:13 和大拘絺羅討論梵行的目的。

9:14 舍利弗詢問三彌提關於「法」的本質，並且贊同於他的答案。

9:26 本經說明舍利弗即使面對敵手，也保持公正不阿。他糾正一個被認為是提婆達多所作的說法，它可能是提婆達多的一位弟子向舍利弗誤傳的。然後，舍利弗對那名比丘解說，即使面對最誘人的感官印象，也無法動搖一個完全發展且穩

定的心。

9:34 關於涅槃，它被描述成是超越感受的快樂。

10:7 舍利弗描述自己的禪修，在禪定中他只有一個概念，即「涅槃是『有』的滅盡」。參見〈舍利弗‧第二章舍利弗其人其事〉，頁117。

10:65 轉世是苦，不再轉世是樂。

10:66 喜歡佛陀的教法與戒律是樂，不喜歡它們則是苦。

10:67-68 在修習善法時進步與墮落的因。

10:90 關於漏盡阿羅漢的十力，它們讓他有資格來宣稱自己的成就。

## 《相應部》

### 《因緣相應》（Nidāna Saṃyutta）

24 舍利弗說苦非自作，亦非他作，並解釋苦是透過感官接觸的緣而生起。

25 他說樂與苦的情況，也同樣是透過感官接觸的緣而生起。

31 「有」是以「食」為緣而生起。

32 《伽拉羅經》（Kaḷāra Sutta）。佛陀提問，舍利弗回答說，促使他宣稱自己證得阿羅漢的，是他知道：「生的因既滅，其果——即未來的生——也隨之滅去。」因此，他可以用一

句宣稱成就阿羅漢果的定型句來說:「我生已盡,梵行已立,所作已作,自知不受後有。」

然後,他又回答佛陀進一步提出的問題,是關於生、有的原因與起源,以及其他緣起各支,乃至感受,觀察感受是舍利弗成就阿羅漢果的起點。他說自從了解三種受都是無常、苦時,他心中就不再生起任何世俗之樂。

## 22.《蘊相應》(Khandha Saṃyutta)

1 舍利弗詳細解釋佛陀所說的:「即使身體有病,心也不應生病。」

2 舍利弗指導要到偏遠地區的比丘們,關於如何回答非佛教徒提出來的問難。他告訴他們,斷除對五蘊的貪愛是佛法的核心。

122-23 關於思惟五蘊的重要。如果有比丘持戒,或善觀五蘊無常、終歸於苦與無我,他就可能證得入流果。如果有入流者、一來者或不來者都如此思惟,他也可能獲得更高的果位。阿羅漢也應如此來觀五蘊,它會帶來現法樂住以及正念、正知。

126 關於「無明」與「智」。

## 28.《舍利弗相應》（Sāriputta Saṃyutta）

1-9 在這九經中，舍利弗說他已發展九次第定，也就是從初禪到滅受想定；並說在這個過程中，他始終沒有任何我見。參見〈舍利弗・第二章舍利弗其人其事〉，頁117。

10 有一次，在王舍城，舍利弗乞食完後在牆邊進食。一位名為淨面(Sucimukhī)的外道女沙門走過來詢問，他進食時是否像其他非佛教沙門一樣，朝著某個方向吃。舍利弗向她解釋那是錯誤的生活方式，他拒絕任何這樣的方式，並說他是以正確方式托缽乞食，既然是正當獲得的食物，他就會吃它。淨面深受感動，因此她便沿街四處大聲宣揚：「佛教沙門以正確的方式乞食！他們毫無過失地乞食！請布施食物給佛教沙門！」

## 35.《六處相應》（Saḷāyatana Saṃyutta）

232 導致輪迴的束縛並非六根與六境，而是對它們的貪愛。

## 38.《閻浮車相應》（Jambukhādaka Saṃyutta）

舍利弗回答其外甥閻浮車(Jambukhādaka)提出的問題，他是個外道沙門。

1-2 他解釋涅槃與阿羅漢果就是貪、瞋、痴的滅盡。

3-16 他回答問題，內容是關於那些宣說實相者；關於梵行的

目的；關於那些得到真實慰藉者。他解釋受、無明、有漏、有身等，並說明在佛陀的教法與戒律中，什麼是行者難以做到的。

## 48.《根相應》（Indriya Saṃyutta）

44 佛陀提問，由舍利弗回答：不是出自於對佛陀的信仰，而是從自己的經驗，他知道五根（信、進、念、定、慧）能導向不死。

48-50 關於五根。❶

## 55.《預流相應》（Sotāpatti Saṃyutta）

55 關於四預流支(sotāpattiyaṅga)① 。

**原註**

❶ 這幾經的翻譯收錄在《智慧之道》（The Way of Wisdom, BPS, Wheel No. 65/66）中。

**譯註**

① 四預流支：指作為預流者的四項必要條件，即「四不壞淨」——佛不壞淨、法不壞淨、僧不壞淨、戒不壞淨。也就是正確地認識並信仰佛、法、僧三寶，無條件地皈依，並完全、確實地具備聖者所愛的戒。

# 第二部

神通大師
## 摩訶目犍連

何慕斯·海克／撰

# 第一章

# 少年

在摩揭陀國首都王舍城附近的拘律陀村內，有個小孩誕生，他生來就注定要成為佛陀的第二位上首弟子。❶ 男孩的雙親依村落名稱，將他取名為「拘律陀」。

## 生為婆羅門

這個家庭屬於目犍連家族，是當時最顯赫的婆羅門家族之一，據稱直接傳承自古吠陀先知目伽羅 (Mudgala)。全村的居民都是婆羅門，在宗教態度與社會習俗上皆極端保守。

拘律陀的父親生在最著名的家庭，村長通常都任命自此家庭，他的父親幾乎可說是個小國王。因此，拘律陀是在富裕與尊貴的環境下成長，而這養尊處優的環境，使他無法直接接觸到生命的悲苦。他完全在婆羅門的傳統中受教，相信來生的實相與業報的法則。這些信仰滲入婆羅門的日常生活中，並決定他們儀式的形式與內容，主宰了他們生活的所有面向。

## 與優波提舍的友誼

拘律陀的家庭，向來和鄰村的另一個婆羅門家庭非常友好。在拘律陀出生那天，這個婆羅門家庭也生了一個兒子——優波提舍。當孩子長大後，他們成為最親密的朋友，幾乎形影不離。無論做什麼，不管是讀書或遊戲、娛樂或工作，他們都在一起。無論何時看到這兩個男孩，他們都同進同出，這份堅定的友誼一直持續到生命的終點。

這兩個人的性格非常不同，優波提舍比較愛冒險、大膽與進取，拘律陀的個性則保守、內斂與善於守成。他們在家中的地位也不相同：拘律陀是獨子，優波提舍則有三個兄弟與三個姊妹。不過，雖然個性差異甚大，但他們從未曾爭吵或衝突，一直都和樂融融，堅定不移與奉獻自己。

對這兩個年輕人來說，他們的友誼意義非凡，幾乎佔據了全部的生活，以致於對異性都不感興趣。雖然如此，這兩個朋友就像當時富裕與尊貴的婆羅門一樣，陶醉在年輕、健康與生命的歡愉中。他們各自引領一群朋友，一同嬉戲遊玩。當去河邊時，拘律陀的同伴騎馬，優波提舍的同伴則坐轎。

## 思惟生命的無常

每年王舍城都會舉辦一場盛大的慶典──「山頂節」，充滿通俗的表演與娛樂。這兩個朋友熱切期待這場盛事，並保留座位以便能舒適地觀賞揉合民俗喜劇與古老傳說的演出。在慶典首日，他們完全投入慶祝活動中。每逢可笑之事，他們便隨著大家一起大笑；遇到興奮的事，他們也跟著激動。他們很喜歡這個表演，因此隔天又來，並全程參與。不過，令人難以理解的是，這次他們非但沒有從娛樂中得到滿足，反而感到悵然若失。雖然如此，他們還是保留第三天的座位，據稱那是個精彩的新節目。

那晚，奇異的想法困擾著他們內心，讓他們難以入眠。拘律陀躺在床上輾轉反側，不斷地問自己：「這種膚淺的東西對我們有何用處？它有什麼真正值得看的東西呢？這種縱欲與享樂的生活有何益處？幾年之後，這些迷人的演員都會年老體衰，離開生命的舞台，並繼續被渴愛驅使而輪迴，我們也是如此。這些演員連自己存有的問題都無法解決，怎麼可能幫助我們？我們與其浪費時間在這些慶祝活動上，不如去尋找一條解脫之道！」

優波提舍也同樣被類似的想法擾得徹夜難眠。他思惟那些表演如何誇大古代神話與傳說，它們都預設了轉世的實相。但

是在戲劇中，玩笑與嬉鬧掩蓋了那些觀念，似乎暗示著人們只要考慮現世即可。這豈不是藉由偽裝與假象來刻意壓抑實相嗎？

隔天早晨，當他們就座時，拘律陀對他的朋友說：「你怎麼了？不像以前一樣快樂，你有什麼困擾嗎？」

他的朋友回答：「昨夜，我躺在床上，不斷地自問：『這些聲色犬馬對我們有何用處？它們毫無價值！我們是否應該設法脫離無常法的逼迫，將自己從虛妄的生活中解脫出來，它只會引誘我們，令我們陷入空虛中？』那就是我心裡所想的。但是親愛的拘律陀，你今天看起來也是鬱鬱寡歡。」

拘律陀回答：「我的想法和你完全相同，我們為什麼還要繼續待在這，陷入這虛妄的表演中呢？我們應追求解脫之道！」

當優波提舍聽到他的朋友也有同樣的想法時，他高興地叫道：「太好了，我們不約而同都有這個想法。我們已浪費太多時間在無益的瑣事上。但如果要努力尋找解脫法，我們就得放棄家庭與財產，成為出家的沙門，超越世俗與欲望的牽絆，像鳥兒展翅一樣飛越它們。」

## 尋找心靈導師

因此，這兩個朋友便決定要過沙門的生活——無家的托缽

僧，當時托缽僧於印度四處遊行，就如今日所作的一樣。他們兩人決定去尋找心靈導師，一個能引導他們獲得解脫智慧的上師。

當他們將這個決定告訴追隨者時，這些年輕人都深受感動，大多數人都決定加入他們的心靈探索。他們大夥兒告別家庭，解下神聖的梵線①，剃除鬚髮，穿上沙門的橘色衣袍。他們拋棄所有種姓的符號與特權，進入無階級的沙門社會。

**原註**

❶ 第一、二節的出處是《增支部註》與《法句經註》。請參見〈舍利弗‧第一章求法〉註❶，頁80。

**譯註**

① 梵線又稱為「祭祀之線」，是一條斜掛在左肩上的細棉線，是婆羅門身上最聖潔的象徵。根據婆羅門的律典規定，只有再生族才有資格佩帶梵線，除非晚年決定成為一無所有、四處遊行的林棲者，否則必須一生佩帶梵線，不離此身。

第二章

# 遊方與心靈探索

大約在此同時，未來的佛陀——悉達多王子結婚了，暫時更深入世俗生活。而拘律陀與優波提舍兩位朋友則離家，邁向尋求內在和平與解脫的艱苦旅程。他們和追隨者共同在一位心靈導師的指導下，展開一段時期的訓練，就如菩薩（佛陀）稍後所做的一樣。

## 以刪闍耶為師

那時，北印度充滿心靈導師與哲人，他們的見解從惡魔到超神都有。有些人教導道德否定論①，有些人是宿命論②，還有一些人是唯物論③。這兩個朋友很早就了解這些教導的空洞性，因此對它們絲毫不感興趣。

不過，王舍城有個老師卻吸引他們的注意。他的名字是刪闍耶，根據傳統說法，和巴利藏經中提到的六師外道之一的刪闍耶・毘羅胝子(Sañjaya Belaṭṭhaputta)是同一人。這群朋友在他的座下出家，大大地提升了刪闍耶的名氣。

經典並未給我們關於刪闍耶教法的詳細資料，但從蛛絲馬跡中，可約略拼湊出他教法的內涵。不像其他宗教導師，對特定議題有獨到的教理主張，刪闍耶對於當時各家探討的深層存有問題，始終維持一貫的懷疑論。

## 徹底的懷疑論者

他環繞著各派對手的主要問題，建構自己的懷疑論，例如，在可見的狀況之外，是否還有其他的世界？在肉身死後，人們是否會透過靈魂的方式，自然地在另一個世界出生？人們在此世所作的善惡行為，是否會在來世形成善惡果報？如來或世尊死後的命運究竟如何？人們如何想像或描述他死後的情況？

這個時期印度思想家提出的問題，可能的答案不外乎四種：肯定、否定、部分肯定部分否定、既不肯定也不否定。不過，對於所提出的這些問題，刪闍耶的看法是，這四種答案都無法令人接受，它們都包含無法解決的矛盾或悖理。因此，他主張人們對於這些問題應避免做任何判斷。在此值得注意的是，在巴利經典裡經常提到的四組悖論中（例如，在MN 63與MN 72），只有第四組，即關於世尊死後的狀態，和刪闍耶的問題一致。

當其他宗教導師一直在提倡這些問題的四個答案選項之一
——是、否、是與否、非是非否時——刪闍耶對它們並不置
可否。他尤其反對無法被證明的主張（例如，由通俗自然科
學所作的），包括沒有其他世界、靈魂、業的法則，以及死後
什麼都沒有，他這種態度和同時代的唯物論者明顯不同。

他還教導，有鑑於這些問題無解的本質，人們應保持公正與
公平的立場，對於任何這些贊成或反對的理論與其結果，不
能心存絲毫偏見。由此可知，他是個堅定的不可知論者，他
試圖發展一種一致的懷疑論，它是建立在固有不確定思想之
辯證張力的認知上。

在《沙門果經》（samaññaphala sutta）中，摩揭陀國的阿闍世
(Ajātasattu)王曾向佛陀報告他和沙門刪闍耶的對話。雖然這件
事只能反映出佛教徒所了解的刪闍耶，而非他自己建構教理
的方式，但它讓我們得以一瞥他的哲學立場：

> 有一天我去找毘羅胝族的刪闍耶，我問他：「先生，您能
> 告訴我沙門生活在此世中立即可見的果報嗎？」
> 刪闍耶回答：「如果你問我是否有另一個世界——嗯，如
> 果我認為有，我會說有，但我並沒這麼說。我也不認為它
> 是那樣或那樣。我不認為它不是這樣，而我也沒否認它。
> 我既不說有，也不說沒有另一個世界。如果你問我是否有

轉世的眾生，或善惡業是否有任何果報，或如來死後是否
存在——關於這些問題，我的回答都一樣。」

因此，世尊，當被問及沙門生活是否有立即的果報與利益
時，毘羅胝族的刪闍耶都是支吾其詞。❶

拘律陀與優波提舍一定已感覺到刪闍耶的哲學只是遁辭而
已，在尚未遇到更好老師的情況下，他們可能是被他跳脫教
條主義與辯證的技巧所吸引。然而，不久之後，便清楚地了
解到，刪闍耶無法提供他們真正想追求的東西：無所不在之
苦患的處方。

此外，我們可以猜想，由於過去世的心行，他們一定直覺地
感到其實有另一個世界，並且有意生身（天神），此外也有因
果業報。從這個角度來看，他們的了解已超越主張懷疑論的
老師。

## 尋找滅苦之道

有一天，這兩個朋友去找刪闍耶，他們問他是否還有其他比
已學過的更高深教法，他回答：「僅此而已，你們已知道我
的全部教法。」聽到這個說法，他們決定離開，繼續到其他
地方去尋找。畢竟他們的離家並非為了無盡與無益的不可知

論，而是為了能找到一條究竟解脫痛苦的道路。

因此，他們再度為尋找真理而展開行腳的生活。經過許多年，他們走遍了印度，從北到南，從東到西。風塵僕僕地飽受酷熱、風雨的折磨，只因為受到深植於印度人心靈的想法激勵：

> 我是生、老、死、憂、悲、苦、惱的受害者。我是痛苦的受害者，是痛苦的獵物。當然，既然有這些苦患，就一定找得到苦滅。（MN 29）

在旅途中，他們遇到過許多著名與睿智的沙門、婆羅門。這兩個朋友和他們做過許多宗教對話，包括：上帝與世界、天堂與地獄、生命的意義與解脫的方法等。但透過在刪闍耶懷疑論的訓練下所獲得敏銳與批判的心智，他們很快地了解到，那些主張的空洞性與這些哲學家學問的盲點。沒有任何老師能回答他們深入尖銳的問題，這兩個朋友就能回答得比他們更好。

我們沒有關於其他這些老師的記錄，但這兩個求道者曾遇見過以下這些神祕主義者與哲人，則一點也不令人訝異。諸如擁有大禪定力的先知婆和利（Bāvarī），或菩薩曾受教過的兩位老師，即精通四無色定的阿羅邏迦蘭（Āḷāra Kālāma）與鬱陀羅

摩子(Uddaka Rāmaputta)。不過，從他們的傳記中，有件事很清楚：在他們遇見佛陀之前，都未曾找到出世間的解脫道跡。原因可能是什麼呢？

## 禪定的喜悅只是暫時的慰藉

佛陀時代，心靈探索者所追求的目標不外乎兩個：藉由深層的禪定獲得內心的安詳與平靜，或得到究竟存在意義的洞見。那些想要了解存在本質者，通常會透過智力的玄想去進行，而蔑視禪定之道；反之，那些想要透過禪定達到內心平靜者，大都滿足於自己的成就，相信這就是最終的目標。

因缺法佛陀的引導，他們甚至毫不懷疑禪定的平靜——它是如此安穩與崇高，但這平靜卻依然是世俗的，且只是生死輪迴中的業力結構。這種禪定成就，會帶領他們轉生到欲界外較高的梵天，那裡的壽命比欲界長得讓人難以想像，但最終這種業力還是會耗盡，接著便會轉生到別的地方，禪修者仍和從前一樣被困在輪迴中。

前世身為禪修隱士，這種事一定經常發生在菩薩、拘律陀與優波提舍的身上。這是存有之苦與纏縛無明的一面：如神祕主義者，他雖只住在門邊，卻以為那就是平安與幸福的家；或如沈思的思想家，他快速略過它而迷失在智力的迷宮中。

這兩個朋友雖然並無宿命通，但他們顯然直覺到，禪定的喜悅與果報並非究竟的目標，只是無盡痛苦輪迴中暫時的慰藉而已。他們最重要的探索是澄清相續的存有，了解事物如何在複雜的輪迴網絡中聚合。

在佛陀尚未出世的時代，他們的追求一直都是無效的，只是在禪定的成就、受用與失落中不斷循環。他們內在一直有股難以名狀的驅力，令他們不得安歇，直至找到佛陀為止，而佛陀也同樣在最後幾年的探索中，致力追求自己的解脫。

如果連未來佛的菩薩，也要在面臨心靈探索的最後關頭，才能發現整合禪定與智慧的方法，那麼就很難期待這兩個朋友能單靠自己的力量找到心解脫的妙鑰，因為他們既無佛陀廣博的禪定體驗，也無影響深遠的佛陀的緣起見解。

回顧這兩個朋友的苦行求道，只是一直都在原地打轉。這個情況只有在對實相永不妥協的堅持，以及無法滿足的渴望，帶領他們來到佛陀的腳下時才停止。

**原註**

❶ DN 2；英譯是採自 T. W. Rhys Davids 的翻譯。

**譯註**

① 道德否定論：富蘭那迦葉否定所有被人稱讚為美德的事，認為善惡之別是人定出來

的，根本不存在，也不可能因業而有所報應。

② 宿命論：瞿舍梨子站在宿命論立場，認為一切有生命的生物要繼續輪迴或解脫，都是無因無緣的，他們的生存狀態只受命運、遭遇和本性所支配，因此否定以自由意志所做的行為，也否定個人的業有因果報應，而主張徹底的宿命論。

③ 唯物論：阿耆多主張只有地、水、火、風四大是真正的實體，是獨立常住的，人就是由這四元素所組成，人死了不會留下任何東西。因此，現世、來是都不存在；善業、惡業都不會受到因果報應。

第三章

# 尋法

在對佛陀一無所知的情況下，這兩個朋友放棄行腳生活，返回家鄉摩揭陀國，他們此時年約四十歲。❶

## 找到不死之道

雖然面臨許多失望，他們仍未放棄希望。相約誰先找到真正的不死之道，就要儘快通知對方，他們分頭尋找，如此一來，遇見合格上師的機會就會倍增。

在此事發生前不久，佛陀才剛在波羅奈(Bārāṇasī)初轉法輪，並在他首次雨安居之後，派遣第一批弟子——六十位阿羅漢，出去傳法，以造福世間。佛陀則前往王舍城，摩揭陀國王很快地成為他的信徒，並獻給他竹林精舍。當拘律陀與優波提舍回到王舍城，住在刪闍耶處，由別人提供的住處時，佛陀就住在精舍裡。

有天優波提舍去城裡，而拘律陀則待在住處。當拘律陀下午看見他的朋友回來之時，非常驚訝於朋友舉止上的改變。他

從未看過他如此快樂，整個人似乎都改變了，臉上煥發著奇特的光輝。拘律陀迫不及待地問道：「你的容貌如此安詳，親愛的朋友，你的面容如此明亮、澄澈，你已找到不死之道了嗎？」

優波提舍回答：「是的，親愛的朋友，我已找到不死。」然後他說出事情的經過。在城裡，他看見一位比丘，其舉止令他深受感動，立即便相信他是個阿羅漢，或至少正在邁向阿羅漢果的道路上。他去找他，並與他展開對話。

## 阿說示比丘說大沙門法

這位比丘名為「阿說示」，他自稱是釋迦族喬達摩沙門——「佛陀」的弟子。當優波提舍請求阿說示解釋他老師的教法時，阿說示自謙只是個初學者，無法詳細地解釋，但能簡短地告訴他這教法的要旨。優婆提舍向他保證那樣就夠了，於是阿說示誦出一首簡短而扼要的偈頌，這偈頌後來傳唱千古，在佛法傳揚的每個地方都非常著名：

> 從因所生之諸法，
>
> 如來說明其因緣，
>
> 諸法復從因緣滅：

此即大沙門之法。❷

當阿說示說完此偈，優波提舍當下心中立即生起清淨無染的
法見：「凡有生，必有滅。」當優波提舍對拘律陀重複這首
偈頌時，同樣的事也發生在他身上。

這種突如其來的覺悟經驗，可能會迷惑、障礙我們，尤其當
它們是被有些晦澀與難懂的說法所觸發時。但激發理解究竟
實相的「法」的力量，是與弟子的接受度、精進度成正比
的。對於那些長期在思惟與出離的紀律上自我訓練者，以及
深入反省無常與不死者，還有已為了究竟解脫而捨棄一切者
來說，短短的四句偈，就足以比浩繁的論著揭露更多實相。

優波提舍與拘律陀就充分具備這些資格，他們一心追求究竟
解脫，已學會以「有為」與「無為」的字眼來判別諸法①，
他們的諸根②也已臻成熟，所缺乏的只是直觀的關鍵，阿說
示的偈頌就是關鍵。

在清除遮蔽心眼的無明翳膜之後，剎那間它為他們帶來不死
的初次洞見。他們已洞見四聖諦，並見到無生——涅槃，超
越由死亡宰制的無常表相。他們如今安住在入流果上，遲早
一定能達到目標。❸

## 勸導刪闍耶

在拘律陀聽完那個影響深遠的偈頌之後，他立刻問這位大沙門——如來，現在住在哪裡。聽到他就在不遠的竹林精舍後，他迫不及待地想去那裡，但優波提舍要他稍候，並說：「讓我們先去找刪闍耶，告訴他我們已找到不死。如果他能了解，就必然會朝實相邁進。但如果無法立即理解，他或許會有足夠的信心加入我們，一起去找世尊。然後，在親自聽完佛陀的話後，他就一定能了解。」

然後，這兩個朋友便去找以前的老師，說：「諦聽，老師，請諦聽！正等正覺者已出現於世。他的教法微妙，且他的比丘們都過著清淨的生活，讓我們一起去見他吧！」然而，刪闍耶不僅婉拒邀請，且反過來要他們和他共享領導權。「如果你們接受我的提議，」他說：「你們就能名利雙收，並獲得最高的尊敬。」

但他們不為所動，並堅定地回答：「我們不在意是否有徒弟賴以維生，但你現在應該下定決心，我們已做出最後的決定了。」然而，刪闍耶猶豫不決，他歎道：「我不能去！這麼多年來，我一直都是個老師，並且有眾多的徒眾。如果我又變回學生，那無異是像從大湖變成小水壺。」於是，他的內心展開天人交戰，他一方面渴望實相，另一方面又想保有自

已的優勢地位。結果後者獲勝，他留了下來。

那時，刪闍耶大約有五百名弟子。當他們得知這兩個朋友決定去追隨佛陀時，全都想要加入。但當他們知道刪闍耶不去時，一半的人又打了退堂鼓，回到老師身邊。刪闍耶看到他失去這麼多弟子，既悲傷又失望，氣急敗壞，結果如經典所說：「口吐鮮血。」

**原註**

❶ 來源：Vin. 1:39 ff。

❷ 此偈之巴利文請見〈舍利弗‧第一章求法〉註 ❹ 。

❸ 有件事很有趣值得注意，即和佛陀最親近的三位比丘：阿難與兩位上首弟子，都不是在佛陀本人的教導下證得入流果，而是在別人的指導下證得：阿難的老師是富樓那‧彌多羅尼子（Puṇṇa-mantāniputta）；拘律陀則是透過優波提舍，後者那時並非阿羅漢，而只是入流者而已。這種成就之所以成為可能，必須拘律陀對他的朋友與實相擁有堅強的信心，而他確實擁有這信心。

**譯註**

① 有為法即泛指因緣和合而成的現象，是世間共許的實相；無為法是指非由因緣和合而成的法，即涅槃，它是脫離有為法之苦，而達至最終解脫之法。

② 指信、精進、念、定、慧等五根。

# 努力覺悟佛法

如今，兩百五十名同行沙門之首的這兩個朋友，來到竹林精舍。佛陀正在對比丘們說法，當他看見這兩個朋友接近時，他宣佈：「瞧，比丘們！他們來了，拘律陀與優波提舍這兩個朋友。他們將會成為我的上首弟子，受到祝福的一對！」

## 受戒

抵達之後，所有的人恭敬地禮拜佛陀，他們合掌高舉至額頭，頂禮他的雙足。然後這兩個朋友說：「大師！可否允許我們，接受我們出家並受具足戒？」於是世尊回答：「善來，比丘！法已善說，現在就修習梵行，以止息苦吧！」以這段簡短的談話，便授戒予這兩個朋友與他們的追隨者。❶

自此之後，經典便稱優波提舍為「舍利弗」，意指「舍利之子」，隨其母命名；而稱拘律陀為「摩訶目犍連」，意為「大目犍連」，以便和其他如算數家目犍連(Gaṇaka-Moggallāna)與瞿默目犍連(Gopaka-Moggallāna)的婆羅門族，有所區別。

在他們都受戒後，佛陀對兩百五十位弟子開示，向他們解釋佛法，不久之後他們便達到入流果，且所有人陸續成為阿羅漢，除了舍利弗與目犍連之外。他們兩人在不同地方獨處，持續努力追求最高的目標。

## 為昏沉所苦

舍利弗繼續待在王舍城附近的「野豬窟」洞穴禪修，從那裡步行到王舍城托缽，如此讓他時常有機會聽聞佛陀開示。他不斷地在心裡反覆思惟佛陀所說的話，且有系統地洞見諸法的本質。他共花了十四天的時間，證得阿羅漢果，至此根除了諸漏。

不過，目犍連則到摩揭陀國伽羅瓦拉子村附近的森林去，經中並未說明其原因。雖然他熱衷於坐禪或經行，但其決心仍經常不敵睡意。

儘管他努力保持身體與頭部端正，仍忍不住打起盹來，唯有憑藉意志力，才能勉強睜開眼睛。酷熱的氣候，加上長年過勞的行腳生活與內在壓力，一時都加在他的身上，因此在這探索的最後階段，身體便累垮了。

## 對治昏眠的方法

但佛陀以一個大師對弟子的關心，還是在注意著他。他以天眼照見這位新學比丘的難處，並以神通力出現在他的面前。當目犍連看見導師站在他面前時，倦意便已消失大半。此時佛陀問他：

「你在打瞌睡嗎，目犍連，你在打瞌睡嗎？」

「是的，大師！」

「那麼，目犍連！只要有任何睡意降臨在你身上，你不應注意那個想法或住在其中。如此一來，你的睡意就會消失。但如果你這麼做，睡意仍未消失，此時你就應思惟所聽聞、學習的教法，在心裡仔細考量與檢視。如此一來，你的睡意就會消失。但如果你這麼做，睡意仍未消失，此時你就應詳盡地重複思惟你所聞、學習的教法……你應用力拉兩個耳垂，且用雙手摩擦四肢……你應從座位起身，以冷水洗眼睛，環視四方，並仰望群星……你應作意光明想①，練習日想：觀夜如晝，觀晝如夜，以明徹、澄亮之心，你就能培養充滿光明的心……使諸根向內，心不駐留於外，你應經行，並覺知去與回。如此一來，睡意就會消失。但如果你這麼做，睡意仍未消失，你應正念、正知，

右脅獅子臥②，雙足交疊，心裡保持起身的想法；只要一清醒，你應該立刻起身，心想：『我不可以貪圖休憩與躺臥的舒適，以及睡眠的愉悅。』

「目犍連，你應如此訓練自己。」❷

在這裡，佛陀給目犍連一連串如何克服昏眠（昏沉睡眠）③的建議。第一與最好的建議是，不要注意造成瞌睡或瞌睡前的想法。然而，這也是最困難的方法。如果這方法不成，他可以想些能激勵自己的想法，或反思佛法的殊勝，或默念其中一部分。

如果這些心理的補救措施都無效，他就應轉向身體的活動，例如：拉耳朵、搖動身體，或藉由摩擦四肢加速血液循環，或用冷水洗眼睛，或在晚上觀看浩瀚的星空等。這可能會讓人忘了他那微不足道的瞌睡。

如果這些辦法都無效，那麼他可以試著在心中生起光明相，讓心中充滿光亮。以這光明之心，他就能像梵天一樣，將感官所認知的日夜觀念整個拋開。這樣的建議暗示著，目犍連以前也曾經歷過這種狀態，因此佛陀才會像介紹老朋友一樣指出它們。這個「光明想」(ālokasaññā)，在經中是四種增長定的方法之一④，且它能導向「智」與「見」(ñāṇadassana)⑤(DN 33)。

如果這方法也行不通，他就應保持正念地經行，如此藉著專注於身體的動作，試著去除昏眠。最後，如果這七種措施都無效，他乾脆就躺下來休息一會兒。但只要他感到精神恢復，就應立刻起身，不容睡意再回來。

## 對治掉悔的方法

不過，佛陀當時的指導並未就此結束，他接著說：

> 接著，目犍連，你應如此訓練自己，你應思惟：「拜訪人家（托缽乞食）時，我不應存有慢心。」你應如此訓練自己。因為有時人家可能正忙於工作，沒注意到比丘來了。於是有比丘（如果存有慢心）可能會想：「我很懷疑，是誰使得我和這家人疏遠？這些人似乎不喜歡我。」於是，由於未得到他們的供養，而生起愧報；由於愧報，而生起掉悔⑥；由於掉悔，他無法自我克制；如果無法克制自己，他的心就會遠離正定。
>
> 接著，目犍連！你應如此訓練自己：「我不應與人爭論。」你應如此訓練自己。因為如果有爭論，就一定會多言；多言就會掉悔；掉悔的人就無法自我克制；如果無法克制自己，他的心就會遠離正定。

在此佛陀指出兩種會導致掉舉與不安的行為。第一種情況是，比丘對他的地位存有慢心，寄望得到在家人的尊敬，但如果在家人注意他們自己的事更甚於他，他就會愧赧，因而遠離正定。

另一種情況是，他喜歡世俗的論辯，被不同意見挑動，以辯勝別人為樂。由於這一切，他的心理能量都灌注於無效與無益的活動。如果他無法控制自己的感官，或輕易地讓心掉悔與散逸，他的修行就會變得懶散與輕忽，因此無法得到定心的統一與平靜。

## 對治貪著的方法

在佛陀教導他如何克服昏眠與避免掉悔之後，目犍連問道：

「世尊！可否簡單解釋比丘如何去除渴愛而解脫，如何成為一個達到究竟目標，從束縛中得到究竟安隱、究竟梵行與究竟成就，堪稱人天第一者？」

「諦聽，目犍連！有比丘善知此事：『無有一法值得貪著！』當比丘知無一法可貪著時，他便正知一切法；藉由正知一切法，他悉知一切法；無論他經驗到何種感受，是苦、樂或不苦不樂受，他都能安住其中，而觀無常、離貪、滅與

捨。如是安住時，他便不會執取世間任何事物；由於不執取，便無有恐怖；無有恐怖，便能達到究竟涅槃。於是他知道：『我生已盡，梵行已立，所作皆辦，不受後有。』」

## 克服五蓋，成就禪定

在目犍連親受世尊指導這一切之後（記錄在AN 7:58中），他繼續精進修行，努力斷除心中諸蓋⑦。在過去多年苦行期間，他已克服五蓋中的前兩蓋——欲欲⑧與瞋恚，如今在佛陀的幫助下，他又克服第三與第四蓋——昏眠與掉悔。在克服這些蓋之後，他已能超越世間色法進入禪定，為洞見實相鋪路。

他先達到喜、樂⑨遍滿的安止定⑩——初禪。然而，一些世俗想法逐漸地生起，引開他的注意力，使他落入感官意識的層次。這時，佛陀又來幫助他，然而不是像上次一樣詳細地指導，而是以一個簡短的開示來幫他突破困境。世尊警告他，他不應輕信自己能安穩地住於初禪，而是應努力掌握它，並完全控制它。目犍連遵從這建議，而成為精通初禪者，再也不會被世俗想法干擾。

堅定地站穩初禪之後，他接著進入第二禪⑪，名為「內等淨」(SN 21:1)，因為它遠離初禪的尋、伺⑫心所的活動，於內心

信相明淨。他就這樣逐步進入到第四禪，然後再進入四無色定與滅受想定(saññāvedayitanirodha)⑬，然後獲得「無相心定」(animitta-cetosamādhi)，它無一切有為之相(SN 40:2-9)。❸

但這個成就也不究竟，因為他對於美妙的經驗還存有微細的執著──對最高淨心成就假相的執著。但藉由世尊的指導，他突破最後與最微細的障礙，達到究竟正果，在廣度與深度上，都達到圓滿的心解脫與慧解脫，大目犍連尊者成為一個阿羅漢。

## 成為俱解脫阿羅漢

目犍連和舍利弗同樣都是「俱解脫」的阿羅漢，雖然所有阿羅漢在解脫無明與苦上都是相同的，但他們在精通禪定的基礎上被區分為兩種。那些達到八解脫⑭，包括四無色定與滅盡定在內者，名為「俱解脫」──藉由無色定解脫色身，並藉由阿羅漢道解脫一切煩惱。

那些缺乏八解脫定力，但藉由智慧斷除一切煩惱者，名為「慧解脫」(paññāvimutta)。❹此外，目犍連不只精通各次第的禪定，他也探索「神足」(iddhipāda)⑮，因此而擁有神通。以他自己的話來說，他是個能宣稱「因世尊幫助而得大神通❺的弟子」。

這整件事都發生在一週之內，那真的是內在巨大轉化的七日，充滿戲劇性的考驗、掙扎與勝利的喜悅。在這麼短的期間裡，目犍連所下的決心之深與之強，必定是非常驚人的。一個像他這樣擁有如此活躍的心智與廣泛天賦的人，都得拼命去斷除一切可能束縛他的結使。如此巨大的內在體驗，被壓縮在短短的七天內，時間與空間必然是消融殆盡了。

根據記載，在佛陀自己覺悟時，初夜就憶起過去九十一劫。目犍連也同樣在圓滿神通的過程中，以心眼照見過去諸劫世間的起伏，度量時間的概念在此徹底瓦解。對凡夫來說，因受到感官的箝制，一週不過就是七天，但對已看穿諸法表相與洞見深層實相的人來說，片刻可能即是永恆。

目犍連後來表示，他藉由速通達（khippābhiññā），亦即在一週之內，證得了阿羅漢果，但他的進步卻是艱難的（dukkha-paṭipadā，苦行道），需要佛陀有力的協助。同樣地，舍利弗也在兩週內，藉由速通達證得阿羅漢果，但他的進步卻是平順的（sukha-paṭipadā， 樂行道）。❻

目犍連比舍利弗更快證果，是因為佛陀親自密集地指導與鼓勵，也因為他理解的範圍較小的緣故。舍利弗在兩方面比目犍連更為殊勝：他是獨力完成，且他的智見更為周全。

## 原註

❶ Vin. 1:42-43。

❷ AN 7:58。

❸ 無相心定（animitta-cetosamādhi）：此經註釋解釋它為「觀定」（vipassanā-samādhi），它讓心遠離常與貪的假相。從目犍連是兼具定解脫與慧解脫的「俱解脫」阿羅漢的事實來看，這解釋似乎言之成理。關於「無相心解脫」（animitta-cetovimutti），參見MN 43。

❹ 關於這兩種阿羅漢的區別，在 MN 70（1:477-78）中有解釋。另外請參見 DN 15（2:70-71）。

❺ 大神通（Mahā-abhiññatā）是指六神通，請參見第一章〈目犍連的神通〉。

❻ 參見 AN 4:167-68。


## 譯註

① 光明想：這是對治昏睡的修法，若多修習，在睡眠中也是一片光明，不失正念，不會亂夢顛倒，也會應時醒覺，精勤修行。在修定中，如修光明想，能依光明相而見天（神）的形色，生於光天、淨天。

② 右側臥的獅子王臥，是最適合修行人的臥姿。經中有說百獸之王的獅子，睡覺時，身子向右側躺。天亮起來時，會回頭看身體是否端正，若端正心情就會愉悅。佛陀以此激勵比丘要勇悍堅猛如師子王，時時修習覺寤瑜伽，發勤精進。

③ 昏眠：昏眠是指昏沉與睡眠。昏沉是心的軟弱或沉重，睡眠是心所沉滯的狀態，因為兩者都源於懶惰與昏欲睡，皆有使心、心所軟弱無力的作用，故合為昏眠蓋。

④《瑜伽師地論》裡的「覺寤瑜伽」，就是教導修行人睡臥時思惟修行的方法。其方法共四種，包括：（一）住光明想：修光明者在睡眠中，也是一片光明，不失正念，應時醒覺，精勤修行。（二）住正念：每日臨睡前，思惟法義。（三）住正知：睡覺前不胡思亂想。（四）思惟起想：睡眠是為了繼續修行的目的，並非為貪著享受，是一種自我警惕的心。

⑤ 智與見（ñāṇadassana）：洞察四聖諦的智慧與洞見。

⑥ 掉悔：掉悔是指掉舉與惡作。掉舉是心的散亂，惡作是追悔已造之惡（或當行而未行之善），因為兩者都源於困擾的念頭，皆有導致心、心所不寧靜的作用，故合為掉

悔蓋。

⑦ 「蓋」是指會阻止未生起的善法生起，以及使已生起的善法不能持久的心所。欲欲、瞋恚、昏沉睡眠、掉舉惡作與疑，即是會障礙禪定生起的五蓋。

⑧ 欲欲：欲求欲樂之蓋。

⑨ 「喜」是喜歡或對所緣有興趣，進入初禪時，會有遍滿全身的喜生起，喜禪支對治五蓋中的瞋恚蓋。「樂」是心的樂受，是脫離欲樂而生，對治掉舉惡作蓋。這兩者是五禪之中的兩支。

⑩ 安止定：即心完全專一的狀態，又稱為「禪那」，包括四色界禪與四無色界禪。安止定是相對於近行定而言，安止定的禪支強固，定心可以持續不斷，而近行定是指接近安止的定，其禪支尚未強固，定心無法長時持續。

⑪ 諸禪由稱為「禪支」的心所而分別，通過逐一捨棄較粗的禪支，增強定力以提升較微細的禪支，即能進入較高的禪定。初禪有尋、伺、喜、樂、一境性等五禪支；第二禪有喜、樂、一境性；第三禪有樂、一境性；第四禪有捨、一境性。

⑫ 「尋」是將心投入或令它朝向所緣的心所，而「伺」則是保持心繼續專注在所緣上的心所。

⑬ 滅受想定（saññāvedayitanirodha）：或譯為「滅盡定」，在此定中，心與心所之流完全暫時中止，是只有已獲得一切色禪、無色禪的不還者與阿羅漢，才能獲得的定。

⑭ 八解脫是八種背棄捨除三界煩惱繫縛的禪定：（一）擁有形體，觀察形體，是第一解脫；（二）不覺想自己內在的物質形體，而觀其外在的物質形體，是第二解脫；（三）思惟：「它是美妙的」，而專注於它，是第三解脫；（四）超越一切色想，思惟：「空間是無限的」，住於空無邊處，是第四解脫；（五）超越空無邊處，思惟：「意識是無限的」，住於識無邊處，是第五解脫；（六）超越識無邊處，思惟：「無所有」，住於無所有處，是第六解脫；（七）超越無所有處，住於非想非非想處，是第七解脫；（八）超越非想非非想處，住於想受滅，是第八解脫。

⑮ 神足（iddhipāda）意指「證得圓滿的基礎」，共有四種：（一）欲神足；（二）勤神足；（三）心神足；（四）觀神足。

第五章

# 雙賢弟子

對於正等正覺者而言，兩位上首弟子與侍者的重要性，就如軍事、內政與財政大臣之於國王一樣重要。佛陀本人就曾以政府部門作比喻，他說阿難能背誦所有經典，就如佛法的司庫（財政大臣）；舍利弗，如政府裡的將軍或統帥；目犍連則如「孩子的保母」（內政大臣）。

## 舍利弗如母親，目犍連如保母

這四個人（包括佛陀在內），兩人一組各有他們共通之處：佛陀與阿難屬於武士（剎帝利）階級，舍利弗與目犍連則屬於僧侶（婆羅門）階級。這樣的類似性也反映在他們的生活中，從阿難被任命為佛陀的侍者後，他就總是如影隨形地與佛陀在一起。同樣地，目犍連與舍利弗也幾乎是形影不離，且幾乎都住在一起。

佛陀晚年，每當他身體疲憊時，總是交代這三個弟子代他傳法。例如有一次，目犍連在迦毗羅衛城（Kapilavatthu）作了一

次很長的開示，內容是關於節制感官以對治六欲洪流。❶

在舍利弗與目犍連證得阿羅漢果之後，佛陀便對僧團宣佈他們如今是他的上首弟子。有些比丘感到驚訝並開始抱怨，質疑世尊為何不將此殊榮賜予那些最早出家的「第一時者」，例如最早的五比丘，或耶舍 (Yasa)、三迦葉，為何佛陀忽略他們，而另眼看待那些最晚進入僧團的後生晚輩？

對於這點，佛陀回答，他們是依其個人的福德受報。舍利弗與目犍連歷劫以來逐步培養所需的智能，一直朝此目標進行，而其他人則沿著不同路線前進。雖然兩個上首弟子都屬於另一個階級，且來自的地區也與佛陀不同，但他們在聖眾之間能有此獨特地位，完全是業力法則的結果。

佛陀曾多次讚賞這兩位聖弟子：

> 若有善女人要勸誡她鍾愛的獨生子，她會毫不遲疑地說：「我親愛的兒子，你應該像質多 (Citta) 長者或阿羅毘 (Ālavi) 的訶哆 (Hatthaka)！」——因為這兩個人是在家信眾的榜樣與模範。（此外她會說：）「但如果，我親愛的，你要出家去過比丘的生活，你則應該像舍利弗與目犍連！」——因為他們是比丘弟子的榜樣與模範。

> 比丘們！應和舍利弗與目犍連往來，並時時親近他們！他們是睿智的比丘與同修比丘們的誘助者。舍利弗就如生產

的母親，而目犍連則如照顧嬰兒的保母。舍利弗負責訓練
（他的學生們）證得入流果，目犍連則訓練他們到達最高的
目標。❷

在經文最後，解釋這兩人的特質是：舍利弗就如母親，讓弟
子們在解脫道上出生，敦促他們斬斷最基本的前幾結，達到
入流果。以此方式，「轉變」他的弟子，使他們從無益的輪
迴中，轉往安全的地帶。然後，由目犍連接手，帶領他們再
往上走，幫助他們證得阿羅漢果，猶如世尊過去幫助他一
樣。因此，目犍連就如保母，滋養他們的力量，讓他們繼續
成長。

## 舍利弗教導智慧，目犍連教導禪定

正等正覺的佛陀完美地結合這兩個面向，但舍利弗與目犍連
則只各擅一方。雖然他們兩人都是「俱解脫」，但舍利弗主要
重在智慧，而目犍連則重在禪定的「心解脫」。
因此，舍利弗指導弟子們洞見解脫實相──「法現觀」，了解
事物的真實本質。而目犍連則非常了解微細而迂迴曲折的
心，著重駕馭定力去斷除所有殘餘的煩惱與束縛。
這個事實，在這兩位佛陀的法子必須去照顧佛陀的親生兒子

——羅睺羅時，充分展現出來。羅睺羅和每個新戒比丘一樣，都有兩個老師，分別負責教導智慧與修行，因此舍利弗是他智慧上的老師，而目犍連則是禪修上的老師。

舍利弗有次對他的朋友說，若論神通，比之目犍連，他就如大喜瑪拉雅山旁的一顆碎石頭；然而目犍連回答，若論智慧，比之舍利弗，他就像大鹽桶旁的一小粒鹽(SN 21:3)。

## 佛陀與其他弟子之間的橋樑

關於不同層級的智慧，佛陀說有些問題只有他才能表達與回答，舍利弗則不能；有些問題只有舍利弗能澄清，目犍連則不能；有些問題只有目犍連能解決，其他弟子則不能(Jāt. 483)。因此，這兩位上首弟子，就如介於圓滿佛陀與其他程度弟子之間的橋樑。

當提婆達多宣稱要領導僧團時，佛陀說對於領導僧團他不信任任何人，甚至是他的兩位上首弟子，遑論提婆達多(Vin. 2:188)。在舍利弗與目犍連，以及最墮落的提婆達多這兩個極端的弟子之間，有一長列的、各類的擁有不同成就與功德的弟子。

值得注意的是，唯一毀謗兩位上首弟子的是提婆達多的追隨者。拘迦利(Kokālika)比丘想要中傷他們，他告訴佛陀這兩個

人心存惡念，而事實上，存惡念的是提婆達多。

然而，佛陀回答：「別這麼說，拘迦利，別這麼說！要善解並相信舍利弗與目犍連，他們的行為是正直與清淨的！」但拘迦利不聽勸諫，仍然堅持毀謗他們。❸根據古老的經文，提婆達多與拘迦利最後都轉生極苦的無間地獄，而舍利弗與目犍連則贏得最高的喜悅——涅槃。

## 維持僧團的和諧與穩定

在巴利藏經中，多次提到兩位上首弟子輔佐佛陀照顧僧團的一般活動。為了促進與利益僧團，兩人不疲不厭地工作著，他們的活動旨在維持僧團內部的和諧、穩定與需要特別注意的戒律。

在佛陀的要求下，他們驅逐「六群比丘」，這些人鹵莽與荒唐的行為，已嚴重威脅到恆河流域大眾對佛陀教法的觀感。律藏中記載了佛陀為了他們的錯誤行為，而制定戒律的許多例子。一次他們所引起的重大動亂，記載在《枳吒山邑經》(*Kīṭāgiri Sutta*, MN 70)中，當時他們違反佛陀制定的非時食戒。最後實在鬧得太不像樣，佛陀遂派出以舍利弗與目犍連為首的一群正直比丘們，去他們所住的枳吒山附近驅逐這六人。從此之後，他們多數人便離開了僧團。(Vin. 2:12-14)

這兩位上首弟子一起執行最值得注意的任務是，引導被提婆達多誤導的新戒比丘重回佛陀僧團，以及回復比丘生活的正確行為。當舍利弗勸誡被誤導的比丘時，他說的是關於思惟的力量，而目犍連則是說神通(Vin. 2:199-200)。❹

還有一次，一位年輕比丘來找佛陀，抱怨舍利弗粗魯地對待他，目犍連與阿難遂召集所有比丘前來，於是在兩人的教導與啟發下，他們得以聽見舍利弗對那些指控莊嚴的回答。❺

這兩位上首弟子，在寺院裡通常都共住在同一間寮房，對於如何利益同修比丘，他們曾作過許多討論。其中一例是《無穢經》(Anaṅgaṇa Sutta, MN5)，舍利弗對於惡欲的偉大開示，其中的靈感就是來自目犍連的問題。在這部經末，目犍連讚歎舍利弗的辯才，將他的開示比喻為頭上的花鬘。

還有一次，一群長老弟子們，在一個滿月的夜晚聚在牛角娑羅林中，舍利弗一一請他們描述心目中的理想比丘，「一個能為這座森林增添光彩者」(MN 32)。目犍連回答：

> 這裡，舍利弗吾友，兩個比丘對談阿毗達磨，他們互相詰問，彼此對答無礙，他們如法滔滔不絕地討論，哪種比丘將能增添牛角娑羅林的光彩？

之後，佛陀證實目犍連真的是善說法者，從他在藏經中的開

示即可明顯看出。如果「法」的對談是發自超越感官領域的經驗，它們便具有深度與廣度。一個人愈是藉由加深禪定與洞見真理，來拓展自己的意識，他的話就愈有說服力，當他是依最高智慧而說時，他的理解便具有感染力。❻

## 佛陀的讚歎

佛陀經常因為上首弟子們的個人美德而稱讚他們，而不只因為他們對弘法的貢獻。一個特別顯著的例子，是出自《自說經》，當兩人坐在世尊身旁，由身念處進入深定時，佛陀先「無問自說」稱讚舍利弗：❼

　　恰似磐石山，
　　屹立不動搖，
　　摧伏煩惱時，
　　比丘如山定。

然後他稱讚目犍連：

　　安住於身念，
　　調伏六觸處，
　　比丘常入定，
　　自能知涅槃。

只有一次，佛陀欣賞目犍連的態度甚於舍利弗。在解散面前一群吵嚷不休的新戒比丘之後，世尊問他的兩位上首弟子，他們對於他遣散那些比丘作何感想。舍利弗說，他認為世尊想要享受安住禪定之樂，而他們兩位上首弟子也一樣。但佛陀斥責他，說他以後再也不可抱持這種想法。

然後，他轉向目犍連問同樣的問題。目犍連回答，他也認為世尊想要享受禪定之樂；但果真如此，則舍利弗與他自己就得負起照顧僧團的責任。佛陀稱讚他說，他的兩位上首弟子照顧僧團，就和他自己照顧一樣好。①

### 原註

❶ SN 35:202

❷ 以下引文出自SN 17:23與MN 141。

❸ 此事記載於SN 6:10與Snp. 3:10中。參見〈舍利弗·第二章舍利弗其人其事〉頁103-104。

❹ 參見〈舍利弗·第二章舍利弗其人其事〉，頁90-91。

❺ 同上，頁97-98。

❻ 目犍連所作的這些開示範例有MN 15與MN 37，AN 10:84，SN 35:202，SN 44:7-8。

❼ Ud. 3:4-5。英譯是由約翰·愛爾蘭（John Ireland）所作，The Udāna。

### 譯註

① 參見〈舍利弗·第二章舍利弗其人其事〉，頁88-89。

# 第六章

# 神通第一

在早期西方學者的眼中，許多人視佛教為基督教教條主義
外，另一個理性的選擇，基本上，佛教是無宗教傳統包袱的
心理倫理學的實用法則。在他們的理解中，佛教的超理智面
是非必要的，而在藏經與註釋中，奇蹟與異事是如此醒目，
若不是遭到忽視，就總是被解釋成是後來所添補。

## 佛教的超自然力

早期的佛教，確實不像基督教一樣那麼重視超自然事件，而
堅持將奇蹟從佛教中排除，則不啻是調整佛法以符合外在的
標準，而非以它特有的名相來接受它。事實上，在巴利經典
經中，常提到佛陀與阿羅漢弟子的神通，若說這些段落是後
世添加的，除了個人偏見之外，很難有足夠的證據。

雖然佛陀只是將神通奇蹟比喻為「教導的奇蹟」，但如此做並
非要壓抑實相，而是為了凸顯它們的價值有限。然而當這些
經典被整體考量時，結論就清楚地浮現，獲得超自然力被視

為一件正面好事，有助於提升心靈成就者的境界與完整性。

## 出世間神通

經典經常提到六種神通，許多阿羅漢都擁有它們。

其中第六種的漏盡通，是出世間的證悟，煩惱永息，再也不會生起。所有的阿羅漢都有漏盡通，它是究竟解脫的保證。

## 世間神通

其他五種神通則都是世間的，它們包括神足通、天耳通、他心通、宿命通，以及能知眾生死亡與再生的天眼通。這五種神通，在佛陀教法以外精通禪定的神祕主義者與瑜伽士之間也能見到，但並不保證擁有這些成就者已達到真實清淨的程度。它們不是解脫的必要條件，也不是解脫的指標。在佛經中，甚至如提婆達多這最邪惡的比丘，在修行生涯的早期就擁有這些能力，一直到他想利用它們來對付佛陀時，才失去它們。

佛陀非常了解沈迷於神通者會被誤導的危險，因為他們的心仍燃燒著私欲之火，潛藏著恐怖的危險，會加深我見與支配欲。但對那些已洞見「我」與「我所」的不真實，且內心充滿慈悲的人而言，這些力量在弘法上則可能是有利的工具。

因此，佛陀才將這五種世間神通納入他修行系統的「沙門果」

中(DN 2)，他也將它們列入持戒的利益中(MN 6)。他宣稱自己完全精通這些神通，如果他願意，便能一直活到劫末(DN 2; SN 51:10)。在佛陀般涅槃後，第一代比丘弟子仍很重視五神通，將它們納入「激勵信心的十種德行」中，世尊入滅後頓失依怙的僧團，即以此為選擇心靈導師的標準(MN 108)。

## 開發心的本具光明

第六神通的漏盡通，是智慧的結果，而五種世間神通則是來自禪定的結果。在經典中，佛陀通常只在解釋完四種禪定後，才介紹它們。

### 禪定使心淨化

禪定是獲得神通的必要條件，因為它們透過打通氣脈，轉化意識的色調與清晰度，使得神通成為可能。

心在未開發的情況下，被雜染的思想與情緒所染污，本具的光明遭到遮蔽，力量也被耗盡，變得堅硬且無法工作。但藉由有系統地修習四種禪定，就能使心潔白與淨化。當它變得「光明、無垢、無瑕、柔軟、適業①、穩固與不動搖」(DN 2)時，它就能成為強大的工具，能揭開平常被障蔽住的知識領域。如佛陀與目犍連等，那些深入幽微領域的人，對時空經

驗的領悟會大幅提升。他們的視野會變得廣大無邊，超越一切邊界與限制。

佛陀特別強調「四神足」(iddhipādā)的修法，作為獲得神通的方法。在經中它們通常有一套描述準則：

> 如是，比丘們！有比丘修習欲三摩地與勝行神足；他修習勤三摩地與勝行神足；他修習心三摩地與勝行神足；他修習觀三摩地與勝行神足。

這裡指出四種心理要素——欲、勤、心、觀(chanda, viriya, citta, vīmaṃsā)，作為修定的主要媒介。為了確保達到禪定不只是進入平靜的狀態，且能做為能量儲藏所，因此每一支都伴隨有「勝行」(padhānasaṅkhāra，即精進)。這些力量大幅提升心靈的能量，並在適當的決心下，隨時都可修習神通。

### 超越感官的限制

要想正確地評價神通的傳統價值，必須掌握我們是透過感官在認知物質世界的事實，今日物理學家稱其為能量表現，那其實只是實相經驗的一小部分。在堅實可被感覺的物體對象之外，還存在著其他波動的層面，是我們難以想像的，遑論理解。

昧於這個廣大的實相，偶爾有些事超出我們的理性與一致的世界圖像，對我們來說，就成了神通或「奇蹟」與「異象」。因為自然秩序的規律形態很少瓦解，所以我們就理所當然地將這些熟悉的形態，視為牢不可破的法則，於是堅持忽略一切超出感官限制的事物，即使當這些力量的證據清晰可辨時，也是如此。

但智者所經驗到的宇宙，則比一般人所知道的大多了，他們能感知其他人無法想像的實相維度，且他們對於心法與色法根本關係的洞見，讓他們能控制諸法，打破我們習以為常世界觀的限制。

目犍連尊者是最勤於修習四神足的比丘，因此佛陀稱他是諸弟子中神通第一(An 1:14)。當然還有其他著名的弟子擁有很高的神通技巧，但他們通常只專精一、兩個領域。如阿那律比丘與奢拘梨(Sakulā)比丘尼擁有天眼通；蘇毘多(Sobhita)比丘與跋陀迦比羅（Bhaddā Kapilānī，大迦葉之妻）比丘尼擁有宿命通；娑竭陀(Sāgala)比丘則精通火大業處；周利槃陀伽（Cūḷa Panthaka，即小槃陀伽）善於示現各種形象；畢陵伽婆蹉(Pilindavaccha)最善於和天人溝通。然而，目犍連的神通力是全面性的，其他弟子無人能及，即使連比丘尼中神通第一的蓮華色(Uppalavaṇṇā)，也比不上他。

我們現在就來看看佛教典籍裡所說目犍連的神通。我們並不

依照大家所熟悉的五神通順序，而是指出在經典記載的插曲與軼事中，目犍連展現何種神通。

## 他心通（讀心）

有一次，在布薩日(Uposatha) ❶，佛陀靜靜地坐在比丘大眾前。在每個夜間時辰，阿難都祈請佛陀誦別解脫戒，但他一直保持沈默。最後，當黎明來臨時，他只說：「這個集會是不清淨的。」

於是目犍連運用他的心檢視所有與會大眾，並看見有個坐在那裡的比丘是「不道德、邪惡、行為不淨與可疑……內心腐敗、好色與墮落。」他走向他，三度請他離開。當該名比丘在第三次請求仍不離開時，目犍連便抓住他的手臂，將他拖出室外，並關上門。然後他祈請世尊誦別解脫戒，因為如今大眾已經再度清淨。

有一次，世尊與五百名阿羅漢比丘同住。當目犍連加入他們時，他運用自己的心搜尋他們的心，並看見他們都是阿羅漢，已斷除與解脫一切煩惱。然後僧團中的第一詩人──鵬耆舍(Vaṇgīsa)尊者，了解發生了什麼事，便從座起，在佛陀面前以偈頌讚歎目犍連：

聖者安坐山坡上，
超越痛苦之彼岸，
侍彼弟子坐於旁，
已達涅槃三明者。

具大神通目犍連，
以自心含容彼等，
並察明彼等之心，
究竟解脫無所得！❷

還有一次，當阿那律尊者在獨自坐禪時，他正思惟如何藉由四念處②而使苦滅聖道能夠圓滿。那時，目犍連以自己的心洞見阿那律的心，便以神通出現在他面前，並請他詳細描述這個修行方法(SN 52:1-2)。

## 天耳通（特別敏銳的聽力）

有一晚，舍利弗去找目犍連，發現他的外表極為安詳，深受感動，便問目犍連此時是否住於禪境中。目犍連回答他只是住在粗淺的禪境中，但他正在參與法的討論。當被問到與誰對談時，他回答是與世尊對談。舍利弗想起世尊此時正在遙

遠的舍衛城，而他們則在王舍城。

到底是目犍以神通去佛陀那裡，或佛陀來他這裡呢？目犍連
回答都不是，他們是各自運用天眼與天耳，而以心靈的能量
進行對談。於是舍利弗便讚歎目犍連，擁有如此偉大的神
通，如果他願意，將能與佛陀同樣活一整劫(SN 21:3)。

目犍連也能以天耳聽到非人、天神與修羅等的聲音，並從他
們那裡收到訊息。例如，有個阿修羅便曾警告他要提防提婆
達多，因為提婆達多正陰謀要傷害佛陀(Vin. 2:185)。

## 天眼通（特別敏銳的透視力）

如同前述，目犍連也能以天眼和遠距外的佛陀接觸。經典中
還提到另外幾次長老運用這種神通的場合。

有次舍利弗正在坐禪，一個夜叉重擊他的頭部。目犍連目睹
這件事，他問舍利弗感覺如何，舍利弗並未看到這個夜叉，
他說覺得還好，只是有點頭痛。於是目犍連便稱讚他的定
力，而舍利弗則稱讚目犍連能看到那個夜叉，而他則不能
(Ud. 4:4)。③

有一次，目犍連以天眼看見波斯匿王(Pasenadi)在戰場上被離
車子族(Licchavi)打敗，以及如何重整部隊並征服他們。當目
犍連說出此事時，有些比丘指控他吹噓神通是犯戒的，要被

逐出僧團。然而佛陀解釋，目犍連只是說出他所看到的事實
(Vin. 3:108-9)。

最重要的是，目犍連以天眼觀察業報法則的運作。他一次次
看見人們如何造惡業傷害自己的同胞，轉生餓鬼道，並在那
裡承受更多痛苦，而修善與正直的人則轉生到天界。他經常
揭發這些事，以闡釋業報法則。這些報告都收集在巴利藏經
中的兩部經中，一部是《餓鬼事經》（ Petavatthu，共五十一
則），另一本則《天宮事經》（ Vimānavatthu，共八十五則）。

由此便不難了解，為何目犍連會以善知身後事與業的運作而
聞名。關於這類報告實在太多，無法在此一一討論，但至少
他在《相應部》的這個故事應該被提到。❸

有一次，目犍連住在王舍城旁的靈鷲山，與勒叉那(Lakkhaṇa)
比丘在一起，他是和優樓頻螺迦葉(Uruvela Kassapa)一起皈依
佛陀的千名婆羅門之一。有天早晨，當他們下山要去城裡托
缽時，在路上某處，目犍連發出會心的微笑。當他的同伴問
他原因時，目犍連說這不是解釋的時候，稍後他會在世尊面
前解釋。

之後，當他們去見佛陀時，勒叉那重覆他的問題，目犍連於
是說他在那地方看見許多餓鬼從空中飛過，遭到掠奪者追
逐，並受到各種痛苦的折磨。佛陀證實此事確實無誤，並補
充說他只會被動地提起這種事，因為生性好疑者不會相信

它。然後，佛陀以他的正遍知，解釋導致那些餓鬼受苦的習性與行為。

## 神足通（隨心所欲現身的能力）

「如屈伸臂頃」，目犍連脫離肉身，出現在天界的時間可以如此迅速。他一再使用這神通，去指導其他眾生，或照顧僧團事務。

他以此方式教導三十三天的天眾四預流支，並測試帝釋天王，看看他是否了解止息渴愛的教導(MN 37)。

當佛陀在天界講授阿毗達磨的三個月期間，目犍連出現在天上，向他稟告僧團發生的事，並請他指導(Jāt. 483)。

他不只拜訪欲界天，且拜訪梵天。他就這樣出現在一個梵天面前，過去這梵天一直認為沒有沙門能進入他的領域，目犍連透過問答與神通技巧，動搖了那個天神的我慢(SN 6:5)。

另一次，他出現在一個名為帝須(Tissa)的梵天面前，他之前是個比丘才剛去世不久，指導他關於入流與究竟解脫的道理(AN 4:34, 7:53)。

## 心靈傳動力（隔空移物）

目犍連也精通外表堅實的物質。有一次，比丘們住在一座寺裡，怠忽自己的義務，汲汲營營於一些瑣事。佛陀知道之後，便請目犍連運用神通，去動搖他們的自滿，並激勵他們重新認真修行。

於是，目犍連便用腳趾去搖動「鹿母講堂」(Migāramātu-pāsāda)，激烈搖晃的程度宛如一陣地震。比丘們被這麼一驚，紛紛放下俗念，回頭接受佛陀的指導。佛陀向他們解釋，目犍連的大神通力是來自修習四神足(SN 51:14; Jāt. 299)。

有一次，目犍連去天界拜訪帝釋，看見他過著散漫的生活，他因沈迷於天界的欲樂，已忘失佛法。為了消除他的虛榮心，目犍連以腳趾搖晃帝釋非常引以為榮的天宮——最勝宮。這也對帝釋造成震撼，他很快就記起佛陀不久前才傳授的止息渴愛的教導，也是佛陀激勵目犍連證得阿羅漢果的教法(MN 37)。

有一次，在佛陀與僧眾居住的地區發生饑荒，比丘們都無法獲得足夠的糧食。那時，目犍連問佛陀是否可以翻轉土地，好讓比丘們能取得與食用底下的養分④。但佛陀制止他，因為這會造成許多人死亡。於是目犍連提議以神通開出一條通

往北俱盧洲(Uttarakuru)的道路，好讓比丘們能去那裡乞食，但同樣遭佛陀制止。不過，那次即使沒有神通的幫助，所有人也都平安渡過饑荒(Vin. 3:7)。這是唯一一次佛陀不同意目犍連的建議。

目犍連的神通也表現在他的隔空移物上。例如，他曾從喜瑪拉雅山上將蓮花取來給舍利弗治病(Vin. 1:214-15; 2:140)。他也曾為給孤獨長者取得一株菩提樹，好讓他種在祇園精舍(Jāt. 78)。然而，當他的同僚賓頭盧(Piṇḍola)請他以神通取下高掛在城裡的寶缽，以證明佛陀的僧伽勝過其他教派時，卻被目犍連拒絕，他說賓頭盧自己就可以辦得到。但當賓頭盧真的施展那項神通時，卻遭到佛陀斥責：一個比丘不應只為了取悅在家人，而表演神通(Vin. 2:110-12)。

## 神變

雖然前面的討論都限定在巴利藏經中提到的事件，但如果我們不提註釋中的這件事，那將會錯過目犍連最精彩的一次神通展現，他那次戰勝了難陀優波難陀(Nandopananda)龍王。此事記載於《清淨道論》(*Visuddhimagga*, XII, 106-16)中。

有一次，佛陀和五百位比丘一起去拜訪忉利天，他們從難陀優波難陀的住處上頭經過，這觸怒了龍王，牠想要報復，就

盤繞須彌山，並張開牠的頭冠，讓整個世界都陷入黑暗。幾位著名的比丘志願要去降龍，但佛陀都未允許，因為他知道牠的兇猛。當目犍連最後挺身而出時，佛陀便聽許了他。

目犍連於是將自己變成一隻大龍王，和難陀優波難陀展開一場吐煙、放火的激戰。他接連變身，化現成各種大小形體，讓對手疲於應付。最後一戰，他化身成龍的天敵——大鵬金翅鳥。此時，難陀優波難陀不得不投降，於是長老再變回比丘，成功地將牠帶到佛陀面前求饒。

### 原註

❶ 布薩日是特殊的宗教儀式，大布薩是在陰曆的滿月與新月日舉行。此時比丘們合誦別解脫戒，在家佛教徒則誦另外的戒，聆聽開示，並修禪。小布薩則在兩個半月日舉行。此事記載於：AN 8:20; Ud. 5:5; Vin. 2:236-37。

❷ SN 8:10。

❸ SN 19:1-21；Vin. 3:104-8。

### 譯註

① 適業：即指心與心所適合作業的特性。再心清淨且定力很強時，如進入禪那時，心變得柔軟且適合作業，能輕易地成就各種禪修業處。

② 四念處：意指「四種『念』的立足處」，「念」有專注於目標，守護六根門的功能。四種念處是身、受、心、法念處，修習四念處，能使眾生清淨、超越愁悲、滅除苦憂、體證涅槃。

③ 參見〈舍利弗‧第二章舍利弗其人其事〉，頁115-117。

④ 《律藏‧經分別》云：「世尊！此大地之最下層平地具足味食，譬如純粹蜂蜜之味食。善哉！世尊！我若轉動此地，則諸比丘或可得滋養之食。」

第七章

# 目犍連的前世

關於憶念自己的前世，目犍連只說過一次，在《魔訶責經》
(*Māratajjaniya Sutta*, MN 50)中。那部經我們稍後會提到。

## 與佛陀的關係

在關於佛陀前世故事的《本生經》中，裡面提到菩薩（佛陀）
與目犍連經常住在一起。兩人相遇不下三十一世，而其中有
三十次目犍連與舍利弗都住在一起；這三人的連繫在前世就
已非常很緊密。在無數世的輪迴中，雖然這三十一世只是非
常微小的一部份，但它們卻讓我們得以一窺目犍連的生命與
性格。

從《本生經》中我們發現的第一件事是，他和菩薩關係密
切。目犍連與舍利弗經常是菩薩的兄弟(Jāt. 488, 509, 542,
543)、朋友(Jāt. 326)或大臣(Jāt. 401)，有時是他的沙門弟子
(Jāt. 423, 522)，或甚至是他的老師(Jāt. 539)。有時，舍利弗
是王子，目犍連是菩薩王的將軍(Jāt. 525)。當佛陀是帝釋天

王時，他們分別是月神與日神(Jāt. 450)。

## 與舍利弗的關係

值得注意的第二點是，舍利弗和目犍連的關係。在《本生經》
中，當兩人上下流轉於輪迴中時，在故事裡通常僅扮演較不
起眼的角色。他們在故事中總是扮演正義的一方，只是程度
有別，當轉生至較低層次時，都比較偉大，當轉生至較高層
次時，則顯得渺小。

當轉生為動物時，他們很少是相同的（只有成為天鵝時，在
Jāt. 160, 187, 215, 476)，通常舍利弗會轉生成較高種類的動
物。例如他們是蛇與鼠(Jāt. 73)、鳥與龜(Jāt. 206, 486)、獅
與虎(Jāt. 272, 361, 438)、猴與象(Jāt. 37)、猴與豺(Jāt.
316)、人與豺(Jāt. 490)。

當轉生為世俗中的人時，舍利弗總是比目犍連高一階級，例
如王子與王臣(Jāt. 525)、王臣與奴隸之子(Jāt. 544)、菩薩王
的駕駛與阿難王的駕駛(Jāt. 151)。有一次，目犍連是月神，
舍利弗是睿智的那拉達(Nārada)沙門(Jāt. 535)。但當兩人都
是沙門或天神時，他們的地位通常是平等的。不過也有例
外，有一次，舍利弗是月神，而目犍連則是較高的日神(Jāt.
450)；還有一次，舍利弗是龍王，目犍連則是他們的天敵——

——大鵬金翅鳥(supaṇṇa)之王(Jāt. 545)。

在《本生經》中，唯一一次出現目犍連卻不見舍利弗的是，他擔任帝釋天王時。那時，身為帝釋的目犍連也曾在人間示現，勸一個守財奴要布施，如此才能轉生善趣(Jāt. 78)。但有一次，當舍利弗與目犍連都生在人間時，他們是奢薔的商人，埋藏了許多財寶。死後，他們則轉生到埋藏的寶藏附近，成為蛇與老鼠(Jāt. 73)。

還有一個故事，那次目犍連轉生成一隻豺狼，看見一隻死象，牠貪愛牠的肉，便一頭鑽進象腹的腸孔中，開懷大吃，但之後卻出不來，而陷入極大的死亡恐懼中——象徵縱欲的危險(Jāt. 490)。

最後，在關於拘樓(Kuru)人法律的著名本生故事中(Jāt. 276)，目犍連是個穀倉的看管者，而舍利弗則是個商人。兩人都小心翼翼地遵守不偷盜的法律。

第八章

# 目犍連的偈頌

和佛陀其他許多阿羅漢弟子一樣，在《長老偈》中，目犍連
尊者以偈頌為證，讚頌他戰勝變化無常的生命。屬於他的那
一章，包含了六十三首偈頌(Thag. 1146-1208)，是該部經典
次長的作品。這些偈頌最重要的主題是，他面對輪迴的誘惑
與劇變時內心的平靜。世間的痛苦再也碰不到他，他安住在
寂滅中，超越一切存有的不安與痛苦。

## 讚歎阿蘭若行者

他的偈頌從四偈(Thag. 1146-49)開始，顯然是對他自己說
的，讚歎阿蘭若行者努力對抗死亡大軍的梵行：

住於林中行乞食，
喜受少量入缽糧，
擊潰死亡之大軍
吾等安住禪定中。

住於林中行乞食，
喜受少量入缽糧，
動搖死亡之大軍
如茅屋之於象隻。

接下來的兩頌只是將「行乞食」換成「行堅忍」。
接下來的八頌(Thag. 1150-57)，是對一個試圖引誘目犍連的妓女所說。雖然它們的語氣與對身體的輕視，可能會讓現代人難以接受，但我們一定要謹記，佛陀自己便強調厭離色法的思惟，不是因為厭惡生命，而是為了對治貪欲，那是令人陷在欲界最強的束縛力。
接下來的兩頌，談到舍利弗尊者之死。當時阿難尚未證得阿羅漢果，深受恐懼與驚駭所打擊，而目犍連則思惟諸行無常，並保持平靜(Thag. 1158-59)。

## 讚歎禪定的成就

在兩首刻畫生動的偈頌(Thag. 1167-68)中，目犍連讚歎他在禪定上非凡的能力：

閃電落在山谷處

毘婆羅（Vebhāra）、般荼婆（Paṇḍava）兩山間，
彼於山谷處修禪定——
無上世尊之法子。

平靜、不動，
聖者常趨偏遠安隱之住處，
無上佛陀真法嗣，
梵天於彼亦禮敬。

接下來的偈頌(Thag. 1169-73)，是對一個迷信的邪見婆羅門
所說，他在大迦葉尊者前往托缽時出言侮辱。目犍連警告他
這種行為的危險，並勸他要尊敬聖者。然後，他讚歎舍利弗
(Thag. 1176-77)。註釋說，接下來的四首偈頌(Thag. 1178-
81)，是舍利弗對目犍連的稱讚。

## 欣喜完成比丘生活的目標

在目犍連以一首偈頌回敬舍利弗之後，他接著回顧自己的成
就，並欣喜他完成比丘生活的目標(Thag. 1182-86)：

屈伸臂頃我能展

百千俱胝之身體；
我善於神變之道，
我是精於神通者。

精通禪定、智慧者，
目連已趨於圓滿，
離欲僧團之聖者，
以定力斬斷束縛，
如象衝倒弱跛者。

大師已受我服侍，
佛陀教法已完成，
沈重負擔已放下，
後有之根已拔除。

我已達成此目標
因為我已皆出離
從在家趨入出家──
斷除一切諸結使。

最後幾頌(Thag. 1187-1208)和他遇到魔羅的結局相同，那記
載於《中部》(MN 50)，我們接下來就要來檢視。

# 第九章

# 目犍連最後的日子

在佛陀般涅槃前半年，於迦底迦月——相當於陽曆十至十一月的月圓日，死亡終於拆散兩位上首弟子。舍利弗在這一天入滅，就在父母家他出生的房間裡，周遭圍繞著他的學生，但離目犍連很遙遠。雖然兩人一生中幾乎是形影不離，但他們的死，就如同他們的證阿羅漢果，是發生在不同的地方。

## 魔羅預示死亡

在舍利弗入滅後不久，目犍連和魔羅（Māra）——惡魔、死神有次奇遇，❶那預示了他即將死亡。

有一晚，當長老正在森林來回經行時，魔羅溜進他的身體裡，並進入他的內臟。目犍連坐下來檢視腹部，感覺到它突然間像一袋豆子那麼重。然後發現惡魔正藏在肚子裡，他平靜地叫魔羅出來。

魔羅很驚訝自己這麼快就被發現了，他自以為連佛陀都無法這麼快認出他來。但目犍連洞悉他在想什麼，並再次命令他

出來。於是魔羅便從目犍連的口中出來，站在房門口。目犍連告訴魔羅，他不只在那天知道他，他過去就認識他，他們之間的業緣古老且深遠。

## 目犍連與魔羅的業緣

他說話的要旨如下：出現在我們「賢劫」(bhaddakappa)①的五佛之首是拘留孫(Kakusandha)如來，他的上首弟子是毘樓(Vidhura)與薩尼(Sañjīva)，那時目犍連是魔羅度使(Dūsī)。因為魔羅也像大梵或帝釋一樣，是世代交替，並非永遠存在，且是惡魔之首，下界之主，是輪迴不已的。

那時魔羅度使有個妹妹名為迦莉(Kālī)，她的兒子就是我們這時代的魔羅。因此，目犍連那時的外甥，就是如今站在他門前的當世魔羅。目犍連過去世為魔羅時，曾附身在一個男孩身上，讓他以陶片攻擊拘留孫佛的上首弟子毘樓阿羅漢。那個傷口頗深，血流不止。

當拘留孫佛轉身看見此事時，他說：「這次魔羅真的不知節制」，因為即使行為凶殘也要有所節制。在拘留孫佛的目光下，魔羅度使的身體立即轉生無間地獄。前一刻他還是一切地獄的統治者，如今則成了地獄的階下囚。目犍連在地獄受苦無數，那是他攻擊阿羅漢的業報。

他在大地獄中獨自待了上萬年，有著魚頭人身，就像彼得・布勒哲爾(Pieter Breughel)②所描繪的各種地獄眾生一樣。每次當受到雙矛插入心臟的酷刑，他就知道自己的折磨又過了一千年。

這次和魔羅相遇，再次讓目犍連憶起輪迴的可怕，不過如今他已完全解脫。經過此事，目犍連曉得他的死期將至，身為阿羅漢，他不認為有需要以意志力延長壽命到劫末，❷他平靜地接受無常的軌則。

### 原註

❶ 此事記載於《魔訶責經》(*Māratajjaniya Sutta,* MN 50)。

❷ 根據《大涅槃經》中佛陀的說法，那些精通四神足者，可以延長他們的壽命到劫末，度過一整個宇宙生滅期。

### 譯註

① 賢劫（bhaddakappa）：即現在的大劫，有一千尊佛出世，故稱為「賢劫」。這一千尊佛始自拘留孫佛，終至樓至佛，便稱為「賢劫千佛」，本師釋迦牟尼佛是其中的第四尊佛。

② 荷蘭畫家布勒哲爾（Pieter Breughel the Elder c.1525 (?) -1569）：文藝復興時期著名的畫家，其繪畫作品分為幻想或寓意、風土人情與聖經故事等三類。擅長描繪農家日常生活景象，素有「農夫布勒哲爾」之稱。

# 第十章

# 目犍連之死

佛陀是在一個完美控制的禪定中，①在許多弟子的圍繞下平靜地入滅。舍利弗是在父母家裡入滅，也有眾多比丘隨侍在側，同樣很安詳。阿難在一百二十歲入滅，由於不希望增加別人籌辦葬禮的負擔，因此他以三昧火②將自己身體燒光。

## 慘死的聖者

考量世尊與這兩位弟子安詳地入滅，人們可能會想目犍連應該也是在平靜的環境下入滅，可是目犍連的入滅卻很不相同──他是慘死的，但這並未動搖他堅定與安詳的心。

目犍連在他的朋友舍利弗之後兩個星期去世，於迦底迦月（十至十一月）秋天的新月日。佛陀的「大寂滅」，發生在吠舍佉月（Vesākha，五月）的滿月夜，在他兩位上首弟子去世半年後入滅，當時佛陀八十歲時，而舍利弗與目犍連去世時是八十四歲。

提到目犍連死亡的情況有兩個出處，《法句經註》(vv. 137-

40)與《本生經註》(Jāt. 523)。雖然這兩個來源的要義相同，但它們的細節仍有所差異，這無疑是因為口傳過程綴飾的緣故。本書是以《法句經註》為主，至於與《本生經註》的差異，則以註記方式說明。❶

## 外道因忿恨而謀殺

由於佛陀是位善巧的老師，能引導無數人入解脫門，因此摩揭陀國的人民大都從其他沙門教派幡然改宗，轉向佛陀與僧伽。有一群裸行外道，對於他們的特權遭到剝奪忿恨不平，遂將矛頭指向目犍連尊者。

他們認為目犍連以神足通的議論，說他看到佛陀的正直信眾們，轉生天界而享受快樂；其他教派的信徒，則因不持戒而在惡道受苦，以此將他們的信徒導向佛法。這些外道因為失去信徒，而想除掉目犍連。他們不檢討自己的責任，卻一味地怪罪這位偉大的弟子，並嫉妒、憎恨他。

這些沙門不敢自己去殺目犍連，而想假借他人之手，去幹他們那惡毒的勾當。他們從信徒那裡募集了一千個金幣，然後去找一幫匪徒，以金錢來交換大弟子的生命。

那時，目犍連獨自住在位於王舍城外，仙人山(Isigili)黑石窟的森林茅篷。在與魔羅相遇後，他便知道自己的末日已近。在享受過解脫的喜悅後，他如今覺得身體只是個障礙與負

擔，因此不想用神通延長壽命到一劫結束。

當他看見匪徒接近時，便知道他們的目的，於是運用神通從鑰匙孔溜走。匪徒到達時，那裡只剩下一間空屋，他們四處尋找，卻不見目犍連的蹤影。翌日，他們又回來，但這次長老升到空中從屋頂逃脫。這幫匪徒隔月又來，始終都未抓到長老。（在《本生經》的版本中，匪徒接連六天都回來，直到第七天才抓到他。）

目犍連並非因為怕死而逃脫，他使用神通躲避盜匪，並非為了保護他的身體，而是為了免除凶手們可怕的謀殺業報，那可能會讓他們墮入地獄。他給匪徒時間去避開可能犯下的罪業，以此開脫他們的命運。


## 過去的惡業成熟

但他們對金錢的貪欲如此強烈，隔月（或如《本生經》所說在第七天）又堅持再回來。這次他們的堅持是「有回報的」，因為在那一刻，目犍連突然失去主宰身體的神通。

這次突然的改變，是源自於他在遙遠的過去世所造的可怕惡業。許多劫以前，在某個前世中，目犍連曾殺害父母（然而，在《本生經》的版本中，他在最後一刻懸崖勒馬，放了他們）。

那次的重罪，使他墮入地獄無數年，但業報仍尚未了結。如

今在他性命攸關的時刻，殘餘的業力突然成熟，讓他必須自嚐惡果。

目犍連了解他已無選擇，只能順從命運。匪徒進來，將他打倒，並「猛擊他的骨頭，直到它們碎如微塵為止。」然後，在認為他已死亡之後，將他的身體拋入一堆灌木叢中後逃走，急著想去領賞金。

## 向佛陀告別

但目犍連身體與心的力量非常強大，他尚未向死亡屈服。他恢復意識，並藉由定力，凌空來到佛陀面前，宣佈他即將般涅槃。佛陀請他為僧眾作最後開示，他遵照指示，且展現神通奇蹟。然後頂禮世尊，回到黑石窟，進入無餘涅槃。（《本生經》的版本較實際地刪除最後開示，且目犍連就在佛陀腳下斷氣。）

在他生命的最後混亂中，過去的業迅速成熟，但那只能影響他的身體，而無法動搖他的心，因為他不再認同經驗上的自我。對他而言，別人認知為「目犍連」的那個五蘊，就如無生命的身體一樣陌生。

　　彼等洞見妙實相，

　　如觀箭上之毛端，

彼視五蘊如陌路，

不視它們為自我。

彼等觀察因緣法，

如同陌路且無我，

既已洞見妙實相，

如觀箭上之毛端。 （Thag. 1160-61）

然而，目犍連生命最後的插曲，顯示神通仍不敵因果業報。只有佛陀才能控制施於他身上的業報，做到沒有任何事能導致他提前死亡。

## 以法為皈依處

佛陀在他的上首弟子們入滅後不久，說：

過去那些聖者、正覺者、世尊，也和我擁有舍利弗與目犍連一樣，擁有雙賢弟子。未來那些聖者、正覺者、世尊，也會和我擁有舍利弗與目犍連一樣，擁有雙賢弟子。

比丘們，妙極了，不可思議！想想那些弟子，他們謹遵世尊教法而行，謹遵他的建議而行，是四眾的善友，受他們

喜愛、尊崇與禮敬。

舍利弗與目犍連是如此傑出的弟子，佛陀說，在他們去世之後，僧團對他來說像是空虛的。有這麼一對賢能的弟子存在很不可思議，而同樣不可思議的是，雖然他們很賢能，但兩人去世之後，佛陀並無悲傷與慟哭。❷

接著，佛陀繼續受到兩位上首弟子的崇高德行所激勵，勉勵追隨佛法的人，要作自己的島嶼，作自己的皈依處，不要尋求外在的皈依；要以法為島嶼，以法為皈依，不要尋求其他的皈依處，並勉勵他們要完全信賴四念處有力的幫助。那些真誠發願，沿著八正道而行的人，一定能超越充斥在輪迴中的所有黑暗面。世尊如此向我們保證。

**原註**

❶ 見BL, 2:304-8。
❷ SN 47:14。

**譯註**

① 佛陀在宣說最的教誡之後，即入初禪，從初禪起，依次入第二禪、第三禪、第四禪；從第四禪起，依次入空無邊處、識無邊處、無所有處、非想非非想處；從非想非非想處起，入滅受想定。然後，再從滅受想定起，依次入非想非非想處、無所有處、識無邊處、空無邊處；從空無邊處起，依次入第四禪、第三禪、第二禪、第一禪。然後，再從初禪起，依次入第二禪、第三禪、第四禪。最後，佛陀從第四禪起

入涅槃。

② 三昧火：三昧是正定，定有水、火種種不同。身體發出火燄的三昧，稱為「火界三昧」、「火定」，有火葬屍骸之意。佛陀入滅時，即以三昧火自燃。

# 《佛陀的聖弟子傳》各冊文章的原作出處

〈佛法大將：舍利弗〉，向智長老撰。初次發行名稱為〈舍利佛傳〉，佛教出版協會《法輪叢刊》，第90/92號(1966)。

〈論議第一：迦旃延〉，菩提比丘撰。初次發行為佛教出版協會《法輪叢刊》，第405/406號(1995)。

以下傳記皆由何慕斯・海克撰，從德文譯成英文：

〈神通大師：目犍連〉，向智長老譯。初次發行名稱為《大目犍連》，佛教出版協會《法輪叢刊》，第263/264號(1979)。

〈僧伽之父：大迦葉〉，向智長老修訂與擴增翻譯。初次發行為佛教出版協會《法輪叢刊》，第345號(1987)。

〈佛法守護者：阿難〉，愷瑪(Khemā)尼師翻譯。初次發行為佛教出版協會法《法輪叢刊》，第273/274號(1980)。

〈天眼第一：阿那律〉，向智長老修訂與擴增翻譯。初次發行為佛教出版協會《法輪叢刊》，第362號(1989)。

〈佛陀的偉大女弟子〉，愷瑪尼師翻譯。初次發行名稱為〈佛陀時代的佛教婦女〉(*Buddhist Women at the Time of the Buddha*)，佛教出版協會《法輪叢刊》，第292/293號(1982)。

接下來的故事是本書新增的：〈佛陀的第一女施主：毘舍佉〉
（佛瑞嘉德‧羅特摩瑟Friedgard Lottermoser翻譯，菩提比丘增
編）；〈慷慨的遊女：菴婆波利〉、〈尸利摩與鬱多羅〉與〈伊
師達悉：結束輪迴的旅程〉（阿瑪迪歐‧索爾‧雷瑞斯
Amadeo Sole-Leris翻譯）。

〈從殺人犯到聖者之路：央掘摩羅〉，向智長老擴增翻譯。初
次發行為佛教出版協會《法輪叢刊》，第312號(1984)。

〈佛陀的第一施主：給孤獨〉，在向智長老監督下翻譯。初次
發行名稱為《給孤獨：偉大的布施者》，佛教出版協會《法輪
叢刊》，第334號(1986)。

〈一些弟子的短篇傳記〉，根據慕迪塔‧艾柏特(Mudita Ebert)
之翻譯改寫。初次發行為佛教出版協會《法輪叢刊》，第115
號(1967)。

巴利原典之翻譯除非特別指出，皆各別作者所作。偈頌之翻
譯除非特別指出，皆由菩提比丘完成。

**譯註**

① 佛教出版協會（Buddhist Publication Society，簡稱BPS）：位於斯里蘭卡康堤市
（Kandy）。《法輪叢刊》（The Wheel）由其發行。

國家圖書館出版品預行編目資料

佛法大將舍利弗・神通大師目犍連／向智長老,
何慕斯・海克（Hellmuth Hecker）著；賴隆彥
譯 - - 初版. - - 臺北市：橡樹林文化出版：
家庭傳媒發行, 2004[民93]
　　面；　　公分. - -（善知識系列；JB0021X）
　　（佛陀聖弟子傳；1）
　　ISBN 986-7884-35-3（平裝）

　　1.佛教 - 傳記

229.2　　　　　　　　　　　　93020696

善知識系列 JB0021X

# 佛法大將舍利弗・神通大師目犍連

作者　　　　向智長老（Nyanaponika Thera）、何慕斯・海克（Hellmuth Hecker）
英文編者　　菩提比丘（Bhikkhu Bodhi）
譯者　　　　賴隆彥
封面設計　　A'design
內頁版型　　舞陽美術・吳家俊

總編輯　　　張嘉芳
編輯　　　　劉昱伶
業務　　　　顏宏紋
出版　　　　橡樹林文化
　　　　　　城邦文化事業股份有限公司
　　　　　　台北市民生東路二段141號5樓
　　　　　　電話：(02)25007696　傳真：(02)25001951
發行　　　　英屬蓋曼群島商家庭傳媒股份有限公司城邦分公司
　　　　　　台北市民生東路二段141號5樓
　　　　　　客服服務專線：(02)25007718；(02)25001991
　　　　　　24小時傳真專線：(02)25001990；(02)25001991
　　　　　　服務時間：週一至週五上午09:30-12:00；下午13:30-17:00
　　　　　　劃撥帳號：19863813；戶名：書虫股份有限公司
　　　　　　讀者服務信箱：service@readingclub.com.tw
香港發行所　城邦（香港）出版集團有限公司
　　　　　　香港灣仔駱克道193號東超商業中心1樓
　　　　　　電話：(852) 2508-6231　傳真：(852) 2578-9337
　　　　　　E-mail：hkcite@biznetvigator.com
馬新發行所　城邦（馬新）出版集團【Cité (M) Sdn.Bhd.(458372 U)】
　　　　　　41, Jalan Radin Anum, Bandar Baru Sri Petaling,
　　　　　　57000 Kuala Lumpur, Malaysia.
　　　　　　電話：(603) 9056-3833　傳真：(603) 9057-6622
　　　　　　E-mail：services@cite.my
印刷　　　　中原造像股份有限公司
初版一刷　　2005年 1月
二版七刷　　2023年10月

ISBN 986-7884-35-3
售價240元
版權所有・翻印必究（Printed in Taiwan）
缺頁或破損請寄回更換。